新时代高职院校
人文素质教育研究

邓虹 ◎ 著

辽宁人民出版社

ⓒ 邓虹 2022

图书在版编目（CIP）数据

新时代高职院校人文素质教育研究 / 邓虹著. —沈
阳：辽宁人民出版社，2022.10
ISBN 978-7-205-10581-5

Ⅰ.①新… Ⅱ.①邓… Ⅲ.①高等职业教育—人文素
质教育—研究 Ⅳ.①G718.5

中国版本图书馆CIP数据核字(2022)第183374号

出版发行：辽宁人民出版社
　　　　　　地址：沈阳市和平区十一纬路25号　邮编：110003
　　　　　　电话：024-23284321(邮　购)　024-23284324(发行部)
　　　　　　传真：024-23284191(发行部)　024-23284304(办公室)
　　　　　　http://www.lnpph.com.cn
印　　刷：辽宁新华印务有限公司
幅面尺寸：170mm×240mm
印　　张：13
字　　数：200千字
出版时间：2022年10月第1版
印刷时间：2022年10月第1次印刷
责任编辑：张天恒　　王晓筱
装帧设计：中知图印务
责任校对：刘再升
书　　号：ISBN 978-7-205-10581-5

定　　价：58.00元

前　言

2018年9月10日，习近平总书记在全国教育大会上的讲话指出："要全面加强和改进学校美育，坚持以美育人、以文化人，提高学生审美和人文素养。"明确了人才应该具备的基本素质和精神状态。2019年1月24日，《国务院关于印发国家职业教育改革实施方案的通知》（国发〔2019〕4号）指出："高等职业学校要培养服务区域发展的高素质技术技能人才。"《教育部关于职业院校专业人才培养方案制订与实施工作的指导意见》（教职成〔2019〕13号）指出："推动中华优秀传统文化融入教育教学，加强革命文化和社会主义先进文化教育。深化体育、美育教学改革，促进学生身心健康，提高学生审美和人文素养。"2017年1月25日，中共中央办公厅、国务院办公厅印发《关于实施中华优秀传统文化传承发展工程的意见》指出："实施中华优秀传统文化传承发展工程，是建设社会主义文化强国的重大战略任务，对于传承中华文脉、全面提升人民群众文化素养、维护国家文化安全、增强国家文化软实力、推进国家治理体系和治理能力现代化，具有重要意义。教育是国之大计、党之大计。全面推进素质教育，构建一个充满生机的有中国特色的社会主义教育体系，为科教兴国战略输送优秀的人才队伍，是党中央、国务院在世纪之交，为推动我国教育事业的蓬勃发展提出的伟大战略决策。"

随着我国社会的进一步发展和经济增长方式的转变，社会对人才的总体要求也发生着悄然的改变。面对激烈的就业竞争，高职院校的毕业生除了要有专业的知识技能之外，良好的心理素质、品质修养等人文素质显得越来越不可缺少。未来社会所要求的一定是具备创造力,有较强责任意识、组织能力、良好心理素质和较强适应能力的劳动者,这也是将来职业领域的一种能力体系,而这一切都取决于深厚的人文素质教育这一源头活水。对这种社会能力的培养,是目前高职院校急需面临的重要教育问题。一所人文素质教育缺失的高职院校,是无法培养出能真正适应时代、社会、用人单位需要的实用技能人才的。因此,要达到这一教育目标,就必须切实加强高职院校学生的人文素质教育。

高等职业教育主要是培养面向生产、建设一线的高级技术型人才,这种显性的培养目标往往使得长效的、深层的人文素质教育目标被掩盖。所以,高职院校都不同程度地对人文素质教育存在忽视或漠视。高职院校的学生培养,普遍强调技术性和实用性,认为学生掌握本专业技术技能并能够满足企业工作岗位需求,就是很好地完成培养目标,就是高质量的职业教育。因此,目前绝大部分高职院校所培养出的毕业生只是掌握了技术技能的"工具人",而不是马克思主义所说的"全面发展的人"。由此,以新时代高职院校人文素质教育研究为出发点,解读人文素质教育的概念与理论基础,分析高职院校人文素质教育发展的动力和存在的问题,探讨当下高职院校人文素质教育的现实基础,明确高职院校人文素质教育的目标体系,以及实施途径和相关对策建议,为进一步贯彻落实高质量人文素质工作构建体系,全面推动教育现代化进程,不断提升人才培养质量,为社会输送高素质、高道德水平的人才具有重要意义与价值。

目　录

第一章　人文素质教育的概述

第一节　人文素质教育

人文素质教育以及教育实践有着悠久的历史，在世界各国有着不同的叫法和不同的发展程度。但自素质教育在我国受到重视以来，"人文素质教育"这一概念却是我国所特有的一种叫法，即我国的专有名词。国外将人文素质教育通常称为"人文主义教育"或"人文教育"。在我国有关教育的相关文件中，常常把人文素质教育当作素质教育，特别是文化素质教育的核心部分。人文素质教育通常指的是在学校教育中所开展的、以人文知识的传授与学习为载体，其目的是培育学生素养的各种形式的教育教学活动。

研究人文素质教育问题的重中之重，是厘清人文素质教育所关涉到的人文、素质、人文素质等基本概念。从这些具体基本信息中，透视和把握它们的要点、内涵与内容等，无疑是我们进一步探讨人文素质教育问题的理论前提和基础。

一、人文的基本内涵

和许多概念一样，"人文"这一概念本身也有着十分丰富和广泛的意义，并且常常被人们演化、引申为不同的意义置于不同的语境中来使用，从而有着不同的内涵。但无论怎么去演化，终究是在原本意义上引申出来的。比如说，《辞源》和《辞海》对"人文"概念的解释是："泛指人类社会的各种文化现象。"而第7版《现代汉语词典》对"人文"的解释是："指人类社会的各种文化现象，以及强调以人为主体，尊重人的价值，关心人的利益的思想观念。"另外，还有学术界给出的那些简单或复杂的、用来揭示

"人文"本质意义的多种解释,都是一种有意义但片面的揭示。因此,需要概括出"人文"这一名词专有的、区别于其他引申意义的本质意义。不同于此意义上的概括性、抽象性,相对意义上所指的含义或内涵更为具体化和专门化。纵观古今中外对"人文"一词相对意义上的本质含义,除了一些更细微的、富有语境性的含义和其他引申意义之外,较为典型和最为基本的主要有以下三种。

(一)第一个引申义——人本身的道义

"人文"一词在中国古代文学中最早出自《易经》:"文明以止,人文也。观乎天文,以察时变,观乎人文,以化成天下。"这里的"天文"之"天"指自在之物,即自然界;"天文"之"文"主要是指自然界中所表现出来的各种现象,以及这些现象背后的本质及规律。这里的"人文"之"人"是人类在长期劳动及交往中所形成的人类社会,也就是人世间。此处,"人文"中的"文"不单指诗词歌赋或文学知识,而是囊括了诗书礼乐在内的典章制度、伦理道德、风俗习惯等,是人类文明和文化的概述。宋代"程朱理学"代表人物之一的程颐在《伊川易传》(第二卷)中对"人文"做了进一步的解释:"天文,天之理也;人文,人之道也。天文,谓日月星辰之错列,寒暑阴阳之代变,观其运行,以察四时之迁改也。人文,人理之伦序。观人文以教化天下,天下成其礼俗,乃圣人用贲之道也。"简而言之,"天文"指的是自然界中万事万物的运行状态及背后的运行规律,"人文"指的是人类社会产生、发展、变化的历程,以及这些表象背后所蕴含的人类社会的发展规律。

在西方,"人文"一词起源于拉丁文"humanitas",最早出现于古罗马政治家、哲学家西塞罗的著作中,是西塞罗在翻译希腊文"paideia"时使用的。"paideia"本指当时对学生实行的文法、修辞、辩论、算术、几何、天文、音乐等七门("七艺")学科教育,即关于人的全科教育,提高人的智慧和思辨能力。在拉丁文中,"humanitas"的原意是"人性""人情""万物之灵",而希腊文"paideia"等同于现代"文化""教育"的含义。西塞罗用"humanitas"来阐释一种教育理想,即通过教育和教化使人获得完整、圆满的"人性"。中外古代所谓人文的这种具体意义,是"人文"一词最早的、也是最根本的内涵，因此后来的一切语境变化和引申都是以此为基础的。这是所指的"人文"偏向对人文学理性的阐释及其界域的界定。就更宏观的角度而言，即针对于人类和人类社会层面的，它具体指的是对人类社会的法度和伦理纲常的解释和总结，以与自然界及其变化更替相区别。就微观的角度来说，即个人层面而言，它的具体所指是人性、人情和为人之情怀与理路等，以与动物及其物性相区别。总而言之，人异于自然，人类社会有运行规则，生而为人，有处世章法，此乃"人文"一词第一种具体的要义所在。

(二)第二个引申义——做人之道

人文的第二种引申意义，就是西方社会从文艺复兴开始，并在其近现代史上占有突出地位的人文主义思想，也就是我们通常所说的"做人之道"。这种思想在文艺复兴时期表现为一场波澜壮阔的思想文化运动和剧烈的社会变革浪潮，它是以反对神道神性、反对迷信愚昧为宗旨，从而以追求人道主义、理性主义，以及主张张扬人伦与人性的人本主义等为主要内容的，一场具有划时代意义的思想文化、文化复兴实务运动。

文艺复兴时期的"人文主义"思想文化运动的发起人，包括欧洲当时进步的思想家、文学家、教育家、史学家、艺术家及科学家等。他们构成专门组织，且具备极强领导力，提倡用人性取代神性，以科学和知识取代愚昧无知，让积极的人生态度和奋发进取的精神取代消极悲观和避世的人生哲学。当时的欧洲处于宗教神学的统治之下，教会的权力凌驾于一切之上，它拥有至高无上的权威，一切思想文化意识都成了宗教神学的"奴仆"。宗教神学的教义认为，人在神和基督教会的面前是无能为力，且受神支配的、微不足道的，所以人应该是自卑、消极、无所作为的。上帝是世间万物的造物主，是世界的中心。因此，人不是万事万物的中心，人必须通过教会人员才能与上帝沟通。宗教神学坚持"原罪说"，认为人生来有罪，不可有任何欲望和追求。因此人生的目的不是为了追求幸福和享受，而是必须虔诚地信奉上帝和基督教会，接受基督教会的统治，成为经常向教会忏悔而忠诚的教民。人文主义者将以反动基督教会、经院哲学为基础、以禁欲主义为中心的腐朽的世界观作为批判的焦点。人文主义思想的主旨即强调人的地位、价值、尊严和个人主义,以人为中心,肯定现实人生和世俗生活,尊重理性,倡导个性自由。人文主义思想的重点是反对基督教会称道的蒙昧主义和禁欲主义。

这场思想文化运动及其所引起的社会变革,对整个欧洲或西方世界近现代文明具有奠基意义,并产生了广泛而深远的影响。其中的人文主义思想体系的主要内容及特点是:①赞美人的伟大和崇高,讴歌人性、人的价值和尊严;②鼓励发展人的自由意志和个性自由;③宣扬积极人生,努力追求现实幸福生活和世俗享乐;④提倡科学知识和进行科学实验,反对愚昧无知;⑤主张通过思想解放和社会制度变革等挖掘人的智慧、发挥人的才能等。

人文主义思想体系中的人文的这种具体意义,是"人文"一词的内涵在历史演进中的充实化和具体化。与上一种具体所指的学理性界定不同,此指的是一场特定的社会运动及其所形成的思想体系。这种意蕴上的人文是相对于神道而言的,主要从不同角度揭示和说明所谓人文的世俗内涵和现实内容。它反对神道和虚幻的天国,赞美人生和世俗生活,主张人是生活的主人和创造者,应充分发挥人的聪明才智,倡导个性自由,将人的思想、感情、才智从神的桎梏中解放出来。它鼓励和提倡人们进行实验科学研究,探索人和自然界的奥秘,追求科学真理等。因此,从迷信和愚昧中觉醒,从神权的统治下解放出来,自由自主地去做人,创造属于人的世界,去过属于人自己的社会生活等,就是这种思想体系的核心内涵,亦即所谓"人文"一词第二种具体所指的要义所在①。

（三）第三个引申义——完整的"人之道义"

人文的第三种深刻含义,即在当代科学主义背景下,人们鼓励提升人文素质,通过教育与实践培育健全的人格,成为"完整的人"的教育思潮。从西方社会的状况而言,该思潮可粗略分为"人本化教育"和"科学人文主义教育"两大发展历程。实际上,该思潮又是世界性的,它是对长期以来科学主义背景下片面突出工具理性和科学技术,忽视人文价值和立德树人之观念的世界性反思浪潮。我国近二三十年来,从理论上的热烈讨

①石丽艳.人文素质教育研究[M].秦皇岛:燕山大学出版社,2020:51-53.

论至实践上的积极探索的所谓文化素质或人文素质教育,正是其深层意蕴。

20世纪下半时期,人本化教育在美国广为流行,这是一种以人本主义心理学为基础的现代教育思潮,主张从学生的主观需求入手,帮助学生学习热爱且有意义的知识。这种教育试图通过挖掘人类理智与情感诸方面的整体潜力来确立人的价值,认为人的自我实现、完美人性的形成,以及人的潜能的充分发展是教育的目标。理想的教育,即培养生而自由,却能自我约束、具有完美人格的"自我实现"的人。

西方社会历经启蒙运动、工业革命、科技革命等社会重大变迁,这是人本化教育思想的起源,对重视情感教育价值的人文主义思想的新的诠释,使它不再单纯从古典文化中探索现实的答案或是单一的理性思考。它促进科学主义与人文精神的融合,突出科学的分析、高度的责任感,力求实现社会价值和个人价值的统一,立足于当今社会的现实和未来。它强调人的多样性、个体性和特殊性,把人从抽象概念构建起的单调乏味的符号空间,引向有温度的情感世界。因而这是一种崇高的、理想的教育,但它仍然不能摆脱社会现实的影响。在现实的人本化教育的实践中,由于某种偏颇作为或过分强调的原因,在人本化教育运动推行十几年后,美国中小学生的学业成绩下滑成为显著特征,而中小学生行为偏差者的人数却越来越多。人本主义教育被批评是后来新放任主义的始作俑者。

20世纪后期,"人本化教育"渐趋极端并受到社会舆论质疑之时,联合国教科文组织国际教育发展委员会提出了"科学人道主义"。它代表着人道主义,因为它的目的主要是关心人及其福利。它宣扬科学,因为通过科学对人与世界的知识领域不断做出新贡献,人道主义内容才能加以规定和实现。科学主义与人文主义原本是相互对立的观点,而它是将两者高度融合的科学人文主义。它既信奉科学,又崇尚人道。它提倡以科学为基础和手段,以人文为目标和方向,力求在科学和人文的相互协调、互为补充中,推进人和社会在物质和精神方面的和谐发展,并在此基础上不断实现人自身的完善和解放。因此,在科学人文主义思想基础上发展起来的科学人文主义教育观,并非科学主义教育和人文主义教育在概念上的简单合并,而是以科学的态度,追求以人文精神为价值取向的现代教育理念,以人文精神为核心,以科学态度为框架,实现科学主义教育与人文主义教育"1+1＞2"的价值统一和质变飞跃。

作为这种现代教育思潮中人文的具体含义,是"人文"一词当前使用频率最高的、一种更为特定意义的具体所指,也是对上述两种内涵的深度扩展和实践。这种含义的人文是相对于科学主义而言的,侧重克服科学主义教育单纯强调工具理性和单纯技术技能培养的劣势,强调人文知识和人文情怀等的重要性,反对把人仅仅等同于一种可利用的资源或工具等,提倡回归人本身、促进人自身的全面发展。所以,努力培养既能自由释放自身潜能,又关爱人生、关怀他人、奉献社会的完善的人格、完整的人或自我实现的人,是该教育思潮的基本内涵,亦即"人文"一词第三种具体所指的要义所在。

关于"人文"一词,以上三种具体而深刻的内涵,诞生于不同的时代背景和用语环境之中,它的依次出现伴随着人类社会从古到今的历史演进。虽然它们有侧重和具体的针对性,但其基本内涵大致统一。不管它是相对于自然,还是相对于神或科学技术而言,都强调的是人,即人本身和属于人的东西,以及人世间特有的道理。假如使这三种具体所指的基本要义相衔接,显而易见,"人文"一词的含义事实上是在其历史演进中不断递进和具体化的。这就是从所谓人之道、人之理、人性,到做人、享受世俗生活,再到完善自我人格、做完整的人或自我实现的人。换言之,所谓人文,即人之道、做人之道和做完整的人之道。从教育的视角,即从对人们进行人文教育的方面来说,教育人们懂得人和人类社会之道,自由自主地做人和创造与享受属于人自己的社会生活,努力做一个人格健全、关爱人生与社会的自我实现的人,这便是"人文"一词的意义所在。

二、人文素质的基本内涵

人文素质是一种素质,是人的素质的一个组成部分。人文素质即人在自我成长历程之中,凭借相关的学习和实践活动等产生的个性心理品质。尽管该心理品质的具体内容与所谓的人文科学知识、人文理论观点等息息相关,但我国许多学者都把人文知识或理论等同于人文素质的重要内容或构成方面,这是一种误解。人文知识或理论本来就不是什么素质,当然也就不能够说是素质的内容或构成方面。人文知识或理论唯有通过作为主体的人类个体的吸收,转化成一个人的学识、素养、个性修为等,才能称为"人文素质"。

(一)人文素质的基本含义

在对人文素质进行研究过程中,笔者发现素质最初是应用于心理学和生理学的概念,后被引申和借用到诸如教育学等领域。生理学和心理学侧重于素质本身所具有的先天性,认为素质是人与生俱来的解剖生理特点,主要是感觉器官和神经系统方面的特点,是人的心理发展的生理条件,可这并不能左右人的心理内容和发展水平。与生理学和心理学不同,教育学强调素质的后天性,认为素质是人在先天生理基础上,受后天环境、教育的影响,通过个体自身的认识与社会实践,而产生的比较稳定的、身心方面的基本品质或素养。此外,《辞海》中对"素质"一词的释义:一是"白色的质地";二是"本质";三是"素养";四是"在心理学上,指人的先天的解剖生理特点,主要是感觉器官和神经系统方面的特点。是人的心理发展的生理条件,但不能决定人的心理内容和发展水平。某些素质上的缺陷可以通过实践和学习获得不同程度的补偿"。现实生活中,人们常用的素质概念主要是指人的素质,讲物的素质的情况较为罕见,而人的素质通常分为生理素质和心理素质。人文素质是人的素质中最内在、最重要的素质,属于人的心理素质层面,尤其是指人的思想和精神方面。

人文素质是"人文"与"素质"两个概念的结合,但这一结合却不只是概念之间的单纯求和,而是在两者融合的阶梯上凸显其核心特征和基本特性。这一概念构成了教育学当中的人文素质教育的核心概念。在教育学学者对这一问题展开的普遍性研究当中,对其基本含义主要有以下代表性观点。

第一,坚持人文素质,即个体的综合素质,由知识、能力、观念、情感、意志等因素融合而成的内在品质,展现于其人格、气质、修养,是个体外在精神风貌与内在精神气质的综合反映,亦是现代人文明程度的综合体现。人文素质的内涵可以理解为由人文科学知识、社会心理、文化修养、人文精神等方面综合而形成的个体内在的、稳定的、不变的特质,外在表现为人格。唯有优秀且高尚的精神、有价值的文化,才与人文素质教育的内涵相符合。此解释注重人文素质对于个体的内在品格的综合塑造。

第二,另一种观点强调人文素质是一种认识人的知识,人文素质是关于人类认识自己的知识。作为一个人的根本在于素质的提高,发展人文素质要学会做人,引导人们思考人生的目标、意义、价值,发展人性、完善人格,激励人们成为一个真正的人。这种认识强调,人文素质的根本目的是使人成为人。

第三,有的学者从人文素质的内在分类中把握人文素质的总体内涵,分为思想道德素质、文化素质、业务素质和身心素质,其中思想道德素质是根本和灵魂。学校的人文素质教育是指更加注重学生人文精神的培养和提升,注重学生个性的不断提高。对高校而言,就是要重视大学生内在精神素质与文化素质的有机结合和协调发展,即提高人文精神的修养水平,强调人文素质是多种素质的结合。这些认识方式从不同方面揭示了人文素质的本质特征,即综合性、整体性、内在性、协同性和生成性。

虽然目前人们对人文素质还没有统一的学理界定,但大家在讨论中所言说和关注的主要观点和基本内容还是一致的。大体上说来,所谓"人文素质",即做人的基本素质。它体现在一个人对自己、对他人和社会的认识、态度和行为当中。广义而言,人文素质即个体成为人,并发展成为人才的内在精神品质。这种精神品格往往体现在一个人在自身的学习和实践中所形成的,诸如爱国忧民情怀和做人的气节情操等方面。狭义来说,人文素质指人们对文史哲艺等知识和技能的内化,它主要是指一个人的文化素养和个性修为。人的素质是一个内容丰富的体系,人文素质一方面是这个体系的一个组成部分或层面,另一方面,它本身又是一个由多重要素或多个层面的内容构成的复杂系统。诸如人文认知、人文情怀、人文方法和人文实践等,都是这个系统的主要方面或构成要素。但是,人文素质又不单单等同于它们其中的任何一个,而是这些方面或要素有机统一在一起的某种整体性的心理品质与品格。

(二)人文素质教育内涵的几层意思

人们对人文素质的构成要素或具体内容有不同的看法。据粗略统计,相关研究文献中有人文知识、人文观念、人文意识、人文情感、人文精神、人文思维、人文方法、人文价值取向、人文行动和人文实践等十多个要素或方面的具体内容。但是,经过仔细分析,我们可以抛开本节开头提到的人文知识直接被视为人文素质内容的不合理说法。就这些说法想要表达的真实意图来看,它们大致可以概括为三个主要层面:人文意识与人文修养、人文情怀与人文精神、人文行为与人文实践。其中,人文意识和人文修养是人文素质的基石,人文情怀和人文精神是人文素质的灵魂,人文行为和人文实践是人文素质的外化。它们共同构成人文素质的动态存在过程,形成一个完整的人文素质系统。

1.人文意识与人文修养

人文意识是指一个人在与周围的人和事打交道,处理生活和实践中遇到的各种问题和关系时,尊重他人、关心他人、关注他人的人格心理倾向。人文修养是一个人通过自己的学习和努力,在人文学科中获得的一定的知识水平和人格修养。人文意识和人文修养与相应的显性或隐性人文知识相关,它们是在个体获得人文知识的基础上形成的,是个体作为主体对这些知识的吸收和内化的结果。人文知识是与自然知识和社会知识相对应的知识类型,是人类整体知识构成的重要组成部分,它是以语言(符号)的形式对人文世界的把握、体验、诠释和表达。丰富的人文知识是一个人完善知识结构的必要元素,是一个人成为全面发展的人的必要条件,是人文素质的前提和基础。

人们常说文学、历史、哲学、伦理学、音乐、艺术,以及那些几乎覆盖绝大多数人文社会科学的知识都属于人文知识的范畴。这是人们对人自身、人的精神生活和物质生活、人类社会等的认识的结果。它启发和引导人们去理解和思考诸如什么是人的本质,我从哪里来、我去哪里,我生命的意义是什么、我的价值体现在哪里,什么是人类幸福,什么是人类苦难,如何与他人和谐相处、如何处理好自己与社会的关系、如何与自然甚至宇宙和谐共存等没有明确答案但很有意义的价值问题。

人们通过对人文知识的学习和思考,将人文知识内化、转化为个体的知识结构和认知模式,为其人文素质奠定了相应的知识基础。因此,人文知识是人文素质的基石。虽然人文知识并不等于人文素质,但一般来说,一个人的基础知识越扎实、越宽厚,他解决问题的能力和其他素质就越强。反之,就会制约和影响他的整体素质和发展潜力。

人文知识是人文素质的基石,人文知识博大精深。人类个体应该掌握什么知识,需要具体分析。笔者认为我们应掌握的最基本人文知识的标准如下。

第一,历史与传统方面。它可以形成贯穿古今中外的重要历史知识网络体系,反映人类社会的政治、经济、思想、文化、科技等领域,学会从不同的角度认识历史发展中的整体与部分的关系,辩证地理解历史与现实、中国与世界的内在关系,能够从历史的角度和方法来发现、分析和解决问题。

第二,哲学和社会方面。把握马克思主义哲学的基本原理,理解科学的世界观和方法论,能够运用哲学的基本原理和方法分析现实生活中的实际问题。

第三,文学与经典方面。对阅读有广泛的兴趣,养成规律阅读的习惯,具有一定的阅读表达能力和文化积淀能力。能赏析古今中外的优秀文学作品,能通过多种方式收集素材,创作文学作品。

第四,美学与艺术方面。了解基础的审美知识,培养正确的审美观。懂得一定的写实美知识、艺术美知识和从中概括的形式美知识。具有对自然美、社会美、科技美和艺术美的感知和欣赏能力,形成健康的审美观和高尚的审美情操。

第五,人格心理方面。具有健康的心理素质和健全的、鲜明的人格,自信、自尊、自强,可以化解人的理性、情感、意志等矛盾和冲突,乐于合作,无惧竞争,勇敢探索。

以上列出的标准显然更加全面和理想,然而,要求所有的高职院校学生在毕业时达到人文知识的这些标准是不现实的。人文知识的获得是一个漫长的过程,伴随人的一生。对于高职生来说,高职院校的人文素质教育仅是其中一个重要阶段。高职院校可以根据人才培养方向,注重目标,高职学生也可以有个人特色,不一定要求全面的目标。从另一个角度来看,这种知识与人们的心理、意识、情感、意志、兴趣、语言和行为有关,引导人们思考人生的目的、意义和价值,追求人格的完美和完善,以及关注与国计民生密切相关的社会结构、社会组织、社会团体行为和事物,促进人们认识和思考与自己密切相关的事物和现象,确立自己的定位,选择实现社会价值与个人价值统一的途径和方法,即所谓"人文科学知识"和"社会科学知识"。学校和学生对人文知识的教育和学习主要是对这两种知识的教育和学习,但具体的内容应该可以根据具体情况自由选择或强调。

2. 人文情怀与人文精神

人文情怀与人文精神是人对人的存在意义和价值的关注,是以人为对象、以人为中心的思想意识的性质和特征的集中体现,体现在人的信仰、理想、人格、道德等方面。人文情怀和人文精神是人文素质的核心和灵魂,它将通过人的人生观、价值观、世界观、人格特征和审美情趣反映出来。

人文情怀与人文精神同一切主观事物一样,不是人的本性所固有的,而是在生活实践中形成和发展起来的。它不仅与个人的努力和修养有关,也是人类优秀文化在社会后天遗传和历史传承中的积累所形成的。个体的人文情怀和精神往往植根于自身的社会文化和民族精神之中,一般具有时代的主题和品牌,具有鲜明的时代精神特征和价值取向。个体通过自身的学习和实践,将这些社会文化、民族精神、时代精神和价值取向内化为自己的人生信念、理想和道德人格,成为一种能够支配自己的人生观、价值观、世界观、人格特征和审美情趣的独特的思想品格。这种品质是人的具体的、个性化的人文情怀和精神,它是一个人人文素质的最重要的内容和最内在的核心或灵魂。它是人文知识或认识的内化和升华,决定和支配着人们的人文行为和具体表现。

人文情怀与人文精神的具体内涵可以从不同的角度进行审视。

①要正确对待自然,认识人与自然的关系,懂得珍惜自然,保护环境,保护人类赖以生存的生活圈;②正确对待社会,理解个人与社会的关系和对社会的责任,遵守法律和公共道德,为社会进步做出应有的贡献;③正确对待他人,理解他人,尊重他人及其价值观,与人为善,有团队精神;④正确对待自己,正确认识自己的价值,善于剖析自己。学界认为,这四种处理方法,实际上都是简短地表达了人文情怀和人文精神的本质。所以,人文情怀和人文精神,作为一个人内在的思想品质或品格,并不是不言自明的东西,而是通过人所处的各种具体关系和面对的关系来体现的。

比如,从人与自己的国家、民族和社会的关系出发,则所谓的社会关怀即是人对社会的一种庄严郑重的道德感、责任感和使命感。梁启超在《饮冰室文集》中说:"人生于天地间各有责任。""自放弃责任,则是自放弃其所以为人之具也。是故人也者,对于一家有一家之责任,对于一国而有一国之责任,对世界而有世界之责任。一家之人各各自放弃其责任,则家必落;一国之人各各自放弃其责任,则国必亡;全世界人人各各自放弃其责任,则世界必毁。"历史上有孟子的"穷则独善其身,达则兼济天下"的壮志,屈原的"独立不迁""上下求索"的精神,范仲淹的"先天下之忧而忧,后天下之乐而乐"的态度,顾炎武的"天下兴亡,匹夫有责"的呼号等。他们都表达着对国家和人民的关心和关怀,对国家的报国志向和对人生的态度,履行着自己的社会责任和历史使命,这些都彰显了他们强烈的人文情怀,是人文精神的生动体现。

尊重他人,懂得爱人,这是人之为人的基本要求。人不仅是一种合群的动物,而且是只有在社会中才能独立的动物。社会性是人的根本属性。既然如此,任何个体要融入社会,就必须懂得尊重他人,从这个意义上说,人文精神的形成也是人类社会化逐步完善的过程,判断人类社会化的中心准则是尊重他人。尊重他人,包括尊重他人的权利、尊重他人的尊严、尊重他人的价值。人只有在尊重他人的同时才能获得他人对自己的尊重。唯有如此,方可以此构建"自爱"和"他爱"相依相成的人际和谐关系。这也是人文情怀与精神的基本要义。

关爱生命和尊重他人所包含的人文情怀与精神的具体内涵,也是一个人人格的基本内容。要塑造具有人文情怀与精神的理想人格,实现人的全面发展,就应当树立崇高的理想信念、养成诚实守信的品格、培育开拓进取的精神、拥有积极乐观的态度,以及自强不息的信心、宽容大度的胸怀、健全的心理素质等。若一个人拥有这样的人文情怀和精神,他就拥有了千金难买的精神宝藏,懂得如何与自然、社会、他人和谐相处,敢于直面人生,敢于体验生存之美,积极探索和创造人类的美好生活。

一言以蔽之,人文素质以人文情怀与精神为内在支撑,后者是其至高层次,具有人文素质的最突出特征,即兼具人文情怀与精神。

3.人文行为与人文实践

人文行为与人文实践,是人文意识与人文修养、人文情怀与人文精神的立足点,是衡量或评价一个人是否具有一定人文素质的重要指标和显性标志。人通过对人文知识的学习和理解,引起对人的生命终极本质本身的质疑和思考,发展了对相应的人文价值和精神品格的追求。这种内在的价值追求和精神品格体现在外在的行为上,即人文行为与人文实践。起初来看,素质是内在的,行为与实践是外在的,它们似乎是两码事。但之所以把人文行为与实践也看作人文素质的三大基本内涵之一,不仅是因为素质决定和支配行为,行为反映和体现素质,而且还因为"素质"一词本来就包含技能的意义,表达这种技能的人文行为和实践活动是人文素质的内在要素。

人文行为与人文实践可以体现在人类社会生活的各个方面。比如坚持民族气节和美德、坚持正义和真理,为国家和社会贡献力量、为人类进步做一些事情。再比如文明行为、端正形象、爱集体、助人为乐、遵守公德和秩序,以及勤俭节约、慈悲善行等。

归根结底,人文意识与人文修养、人文情怀与人文精神、人文行为与人文实践是相依相存、互补互通的关系。只有这三者在内部高度统一,形成一个整体,才能形成完整、立体、生动的人文品质。人文意识与人文修养是人文素质的前提和基础,人文情怀与人文精神是人文素质的内在特征和追求,人文行为与人文实践是人文素质能力和水平的体现。所谓人文素质,就具体的人而言,就是通过自己的认知和实践,将外在的人文知识和标准内化为自己的习惯和性格,并能将生活的信仰转化为真正的行为。人文素质教育的功能和目的是培养具有人文素质的人。

三、人文素质教育

人文素质教育,也叫人文教育,它既是丰富多彩的人类教育活动的一个组成部分,一个具有特定内容的专门层面,更是教育之为教育的原始含义和真正的本质所在。仅就其作为教育的一个组成部分的特定意义来说,人文素质教育,是对个体人文素质的养成过程进行积极引导和自觉干预与控制的一种社会活动或行为。这种社会活动或行为采用的具体方式方法是多种多样的,最早这种教育没有固定的组织形式和操作模式,一般以族群、家庭和各种社会教育等形式出现,后来才发展为以高度组织化的学校教育方式为主渠道的专门化教育。当然,即使是在学校教育为主渠道的情况下,个体人文素质的养成同时也会受到家庭和社会等的影响。专业人文素质教育主要是通过人文知识的传授和环境熏陶,将人的人格、气质、修养内化为相对稳定的内在品格的过程。其根本目的是提高受教育者的文化素质、理论素养和道德情操,使受教育者学会做人、懂得做人,做一个全面发展的完整的人。从这个意义上来说,人文素质教育实质上就是做人的教育,而做人的教育正是教育的终极目的。因此,人文素质教育体现了教育的初衷和本质,既是人类教育的重要组成部分,又是教育活动的内在灵魂和核心价值之所在。

(一)素质教育

素质教育是以人的发展、人的客观规律,以及人与社会需要之间的客观规律为基础的教育活动。它是一种以全面提高受教育者素质为目的的教育模式,人的思想道德素质、能力培养、人格发展、身体健康和心理健康教育是它的侧重点。

1.素质教育的历史沿革

"素质教育"概念出现在20世纪80年代后期,当时,纠正片面追求升学率、全面提高学生素质的呼声日益高涨,引发了教育理论界关于教育思想的大讨论。它注重树立正确的人才观,提高国民素质。同时,一些学者开始撰写专著,对人的素质、工人的素质、人才的素质等问题进行探讨。时任国家教委副主任的柳斌于1987年在《努力提高基础教育的质量》一文中首先使用了"素质教育"一词。在随后的几十年间,"素质教育"这个词一直伴随着我国教育改革事业的发展,并成为教育改革和发展的重要内容之一。

科教兴国战略在党的十四大被正式提出,教育肩负着提高国民素质、培养跨世纪人才的使命。1993年,中共中央首次在正式文件中对素质教育做出了描述。当年2月,中共中央、国务院发布的《中国教育改革和发展纲要》指出中小学要从传统教育转向全面提高人的素质,面向全体学生,全面提高学生的思想道德、文化科学、劳动技能和身心素质,促进学生生动活泼的发展,办出具有自身特色的学校。随后,中共中央、国务院以及国家教委等多次举办关于素质教育的研讨会,并发布了一些指导意见,为全面落实素质教育提出了具体指导意见。这积极推动了我国素质教育的研究和实施,使素质教育的发展有了质的飞跃。1999年6月,以"素质教育"为主题的第三次全国教育工作会议召开。会议把素质教育提高到事关国家发展大局的重要地位。江泽民同志在会议讲话中指出:"教育是知识创新、传播和应用的主要基地,也是培育创新精神和创新人才的重要摇篮。"随后颁布的《中共中央国务院关于深化教育改革全面实施素质教育的决定》中明确指出:"实施素质教育,就是全面贯彻党的教育方针,以提高国民素质为根本宗旨,以培养学生的创新精神和实践能力为重点,造就'有理想、有道德、有文化、有纪律'的、德智体美等全面发展的社会主义事业建设者和接班人。"这是我国首次提出素质教育的具体目标和方向。

2012年,党的十八大报告明确指出:"要坚持教育优先发展,全面贯彻党的教育方针,坚持教育为社会主义现代化建设服务、为人民服务,把立德树人作为教育的根本任务,培养德、智、体、美全面发展的社会主义建设者和接班人。全面实施素质教育,深化教育领域综合改革,着力提高教育质量,培养学生创新精神。"这是我们党和国家,立足于构建社会主义和谐社会,从科学发展观角度对素质教育进行的新思考。

2017年,党的十九大报告指出:"建设教育强国是中华民族伟大复兴的基础工程,必须把教育事业放在优先位置,深化教育改革,加快教育现代化,办好人民满意的教育。要全面贯彻党的教育方针,落实立德树人根本任务,发展素质教育,推进教育公平,培养德智体美全面发展的社会主义建设者和接班人。"

2021年3月11日,十三届全国人大四次会议表决通过了关于国民经济和社会发展第十四个五年规划和2035年远景目标纲要的决议。决议提出:"全面贯彻党的教育方针,坚持优先发展教育事业,坚持立德树人,增强学生文明素养、社会责任意识、实践本领,培养德智体美劳全面发展的社会主义建设者和接班人。"

2021年10月,中共中央办公厅、国务院办公厅印发《关于推动现代职业教育高质量发展的意见》,指出:"坚持立德树人、德技并修,推动思想政治教育与技术技能培养融合统一;坚持产教融合、校企合作,推动形成产教良性互动、校企优势互补的发展格局;坚持面向市场、促进就业,推动学校布局、专业设置、人才培养与市场需求相对接;坚持面向实践、强化能力,让更多青年凭借一技之长实现人生价值;坚持面向人人、因材施教,营造人人努力成才、人人皆可成才、人人尽展其才的良好环境。"

纵观这些历史沿革,可以看到,目前教育界已经不再讨论是否应该实施素质教育,而是着眼于根据不同人才所应当具备的不同素质,如何去有针对性地实施素质教育,探索素质教育的新模式。

2. 素质教育的内涵

从一开始,素质并不是指狭义的生理禀赋,而是具有丰富内涵,包括生理、心理和社会文化等方面的广泛概念。从字面上讲,素质教育是一种以提高受教育者素质为目的的教育模式,它注重人的思想道德素质、能力培养、人格发展、身体健康和心理健康教育。真正的素质教育,目的在于让学生能发挥个人潜能,各展所长,并培养良好的品格,而并不局限于学术上的才能。通常所说的科技素质教育和人文素质教育均包含其中。

在高等教育领域,素质教育是作为纠正大学生文化素质薄弱、专业面窄、适应性弱等弊端,探索与社会发展相适应的新型高级人才的培养内容。在基础教育领域,素质教育是作为改革"传统教育"和学习负担过重而提出来的,是为了解决传统教育中的弊端,促进学生在德、智、体、美、劳等各方面得到全面发展。

高职教育与基础教育相比,教育对象的身心特点及教学任务和人才培养要求等方面有着很大的不同,这就决定了大学生素质教育与基础教育中的素质教育,在教育内容上有一定的差别。从理论上来讲,高等教育是一种专业教育,融入素质教育的理念,现代大学中的专业教育应该是一种以专业教育为载体、以培养适应社会经济发展高级人才为目标的素质教育。

在改革和发展的过程中,一些现有的素质教育模式由于引自国外的教育模式,与我国国情和国内教育实际并不完全相适应。同时,一些自己建立的素质教育模式又没有摆脱传统教育的影子。在培养的过程中,也应该按照所属学科和专业的特色和需求来培养人才。第一,肯定素质教育是人才培养的必由之路。第二,不同的教育层次和不同的学科专业,都应当探索适应自身人才培养的不同的素质教育模式,高职教育尤当如此。

3. 素质教育的特点

(1)素质教育的全体性

素质教育必须面向全体学生,使每个学生都具备新一代合格公民应具备的基本素质。素质教育的总体要求:既要使每个学生在原有的基础上都能得到发展,又要使每个学生在基本素质上达到社会所要求的合格标准,使每个学生都能成为合格的毕业生。

(2)素质教育的全面性

社会发展需要人的综合素质,而不是人某一方面的素质。因此,开发人的素质也具有完整性。素质教育既不是为升学做准备,也不是为就业做准备,而是为人生做准备,即为人生打下基础的教育。

（3）素质教育的发展性

素质教育的发展性意味着素质教育重视学生潜能和个性的开发。每一个人都有潜力，教师要相信每一个学生的发展潜力。教师应该创造条件，激发学生的无限创造力和潜能，让每个学生都有机会在他所擅长的领域充分展示和发展自己的才能。

（4）素质教育的主体性

从根本上说，素质教育的主体性是教师在教育教学过程中应尊重学生的主体意识、自主性和创造性。教师应该给学生以学习的主动性，在教育教学过程中，教师要善于激发和调动学生的学习积极性，教会学生学习，让学生有自主学习的时间和空间。

（5）素质教育的开放性

素质教育涉及学生的全面发展，教育内容大大拓宽，相应的教育空间和多元化的教育渠道适应了素质教育的需要。因此，从素质教育空间和教育渠道的角度来看，素质教育已不再局限于学校、班级和教科书，具有开放性。素质教育的开放性要求拓宽原有的教学空间，建立学校教育、家庭教育和社会教育相结合的真正的教育网络；要求拓宽原有的教育渠道，建立学科课程、活动课程和潜在课程相结合的课程体系。

（二）人文素质教育

1.人文素质教育的内涵

人文素质教育，就其基本内涵而言，就是通过知识传授、环境熏陶、自我反思等多种教育方式，将所有自然科学和社会科学的优秀成果传递给个人，使之内化于个体的思想之中，培养其独特的气质、修养、品德和素质，并将其具体化到具体行为的教育过程中。具体而言，人文素质教育是传递人文知识、塑造人文精神、体现人文行为的教育过程。

人文知识的传授是人文素质教育的基本内容。人文素质是以人文知识为载体的，人文素质教育必须通过知识传递的过程来实现。随着现代教育的发展，知识的传递不再是教育的唯一内容，但它仍然是最重要的途径和内容。

人文素质教育是素质教育的一种,不仅体现在思想理论上,而且应该转化为自觉行为。因此,人文行为的外化过程也是人文素质教育的重要组成部分。行为是人类思想的呈现,思想主导行为,人文精神的塑造正是人们在进行社会实践或价值行为选择时,有意识地选择人文行为的根本目的,彰显文化品位和文化修养,促使内在的人文知识和内在的人文精神的同一性得以具体和现实地呈现。这种行为对整个社会和实践活动的影响更为深刻,因此,人文行为的外化是人文素质教育的重要目标。人文素质教育是指通过各种教育形式,引导学生在自身修养的基础上进行相应的实践活动,并通过个体的人将人类优秀的文化成果转化为自身的经验,沉淀成扎实的人文科学基础知识、良好的社会心理与文化修养,树立人文精神、塑造完美人格的教育活动。人文素质教育,从终极意义上说,是将人文素质外化为人文行为的教育活动。

2. 人文素质教育的内容

一般而言,现代人文素质教育包括历史文化教育、个人品格教育、心理健康教育、创新意识教育,以及社会责任感教育等。

人文素质教育就其基本内容来说,就是通过各种教育方法,通过知识传授、环境熏陶、自我感知等方式传递给个体人类自然科学和社会科学的一切优秀成果。通过自我发展和内化培养个人独特的修养,并将其具体化为具体的行为,是一种教育过程。具体而言,人文素质教育是传递人文知识、塑造人文精神、体现人文行为的教育过程。目的是使受教育者能够正确处理人与自然、人与社会、人与人的关系,并加强自身的理性、情感、意志等方面的修养,使被教育者既有学识,又懂得如何做人。

人文素质教育可以概括为人文学科教育和艺术教育两大类。哲学、历史、语言学、文学、心理学、艺术、宗教、考古等,都在人文学科知识领域之内。艺术教育则包括诗词歌赋的阅读与欣赏、音乐和戏剧的欣赏等。因此,人文素质教育需要以人文学科教育与艺术教育相关知识的传递为基石。

人文素质教育强调的是质量而不是知识数量,这清楚地揭示了在知识传播的基础上塑造精神的重要性。如果只有丰富的人文知识,却不能形成人文素养,那么知识与行为之间就永远无法达到知行合一,二者始终处于分离的状态。也就是说,知识不能内化为内在的认同,也不能实现人文素质教育的基本目标。因此,人文素质教育必须包含人文精神塑造的内容。有学者将塑造人文精神作为人文素质教育的重要组成部分,提出人文素质教育是培养人文精神的教育,其目的是强调人性教育,完善人格,培养和促进个体身心和谐发展。它通过向下一代传授人类积累的智慧、精神、本质和经验,使人们能够洞察生活、改善思想、净化灵魂,领悟生命的意义和目的,获得对正确生活方式的认知。

人文知识的传递、人文精神的塑造和人文行为的外化是人文素质教育的重要内容,三者之间的关系具有内在的联系。只有人文知识的积累才能有助于人文精神的建立,只有人文精神的建立才能有效地产生获取人文知识的内在动力;只有树立人文精神,才能将人文精神具体化为人的自觉的人文行为,人文行为的实施需要内在的人文精神的引导。由此可见,这一系列的教育过程是实施人文素质教育的一个系统过程。以人为本的理念将人文素质教育与人的全面发展的发展目标紧密地联系在一起,人文素质教育是现代人才培养的核心组成部分,尤其是在当代中国特色社会主义建设进程中,人文素质教育占有十分重要的地位。

四、高职院校人文素质教育的内涵

在遵循高职教育发展规律与特性的基础上,通过对学生进行人文知识传授再结合人文精神渗透、人文环境的陶冶等途径,逐渐把优秀的人文素质知识内化成学生内在品质与修养。有针对性地为用人单位培养高素质的复合型专业技术人才,注重人才的实用性和培养的实效性。引导学生学会做人、学会关心他人,成为"完整"的人。

人文知识教育作为人文素质教育中最基本的环节,通过以课堂教学为主的各种教育与信息媒介,对学生进行系统全面的人文社科教育,在获得各种专业技术知识的基础上,扩展高职学生的专业视野、丰富背景知识。高职院校人文知识的类型包括思想政治法律类知识、文学艺术及语言类知识,以及公共辅修类知识等。

人文素质教育包括对学生进行人文思想教育、人文精神教育和人文方法教育。人文思想教育的功能有很多,主要作用有:帮助学生理解领悟人文知识、并对其中所蕴含的人文思想进行深刻了解,从各个方面提高学生的思维能力、空间想象力、创造力等综合素质。其中,文学与艺术熏陶是对学生的人文思想培养的重要途径,因为文学艺术表现形式的多样性、内容的丰富性、极高的感染性,这对于提高学生的道德品质、个人修养有着至关重要的作用。在对学生进行专业技术教育时,加入一些人文思想教育的训练,可以使高职学生在探索技能操作运用的同时,也能关注到更深层次的领域,使得其技能操作、研发产品更有人性化,更适合时代的发展趋势。

对高职学生进行人文精神教育的首要目标是要培养学生实事求是的精神,树立中国特色社会主义的共同理想,脚踏实地敢于坚持真理、不迷信权威等。其次要培养人文关怀意识,学生通过克服对学习生活过程中遇到的一系列问题,在实践中不断领会人文精神的关怀,继而更好地指导今后的生活与学习,充分体现知行合一的人文精神。最后是创新精神的培养,创新精神对于学生今后的职业发展有至关重要的作用。创新是经济发展的灵魂,如果高职学生能在今后的学习与工作中具有创新意识、发挥创新精神,就能更好地为社会进步做出贡献。

人文方法教育是指在进行人文知识的教育中,让学生体会到各种认识方法和思维方式,并用这些人文的方法与思维来解决生活学习中遇到的各种问题。能运用诸如文学艺术、法律哲学等学科的原理、规律来指导学生的认识与思维,训练学生各方面的能力。

五、高职院校人文素质教育的特点

高职院校人文素质教育的核心是"学会做人",以人文学科为主要内容,核心是"人文精神"的培养,人文知识的灌输教育只是最基本手段,最终的目标都是人文精神向个体身心的内化。笔者认为高职院校人文素质教育的特点,有以下几点。

第一,职业性与人文性相互渗透。职业性决定高职院校在人才培养中必须重视技能培养和知识传授,给学生提供一种工具性技能。而人文性则决定了高职院校不能只满足于专业技能的技术教育,应立足于培养和谐发展的人,从而实现高职教育能力与素质、职业与人文的和谐统一。

第二,实践性与价值性相互渗透。实践性是指通过高职院校长期教育实践积累的人文素质教育新理论,价值性则是人文社会科学对价值观的作用和影响,两者之间相辅相成,对于完成高职院校人文素质教育的目标有着积极的促进作用。

第三,实效性与广泛性相互渗透。实效性就是要把教育实践工作细致认真完成,而广泛性就要求全部学生都积极主动地参加学习,二者相互渗透,这样才能保证教育任务的完成。

六、高职院校开展人文素质教育的必要性

职业性是高职院校最主要的特点,这也是高职院校的特色和使命。但也不能因此忽视人文素质教育在高职院校中应有的作用和地位。所以高职院校必须坚持职业技术教育和人文素质教育共同发展、相辅相成的方针。如果过分偏向于技术教育,那么我们培养出来的很可能只是会机械麻木工作的机器,所以加强人文素质教育对于高职院校发展及其人才培养都有着极其重要的意义。

(一)加强人文素质教育是现代教育改革的必然趋势

从20世纪70年代起,联合国教科文组织就先后提出了"学会生存是学校教育的主要任务""学会关心"等研究主题。美国人文科学促进会在1984年发表了一篇关于人文教育衰落的报告:《挽救我们的遗产——高等学校人文学科报告书》,该报告一发布就引起了教育界的广泛关注。报告提出了关于高等教育改革的建议,而改革的核心则集中在明确人文学科的人才培养过程中的重要意义,加强人文教育的基础性地位。这些都说明世界各地对人文素质培养与教育的态度不谋而合,就是要大力发展人文素质教育。那么中国的高职教育也不能置身事外。我国高职教育自创办之初,就比较注重教学的实用和效益,而对于高职教育中的人文素质教育略有不足。但必须承认的是,培养学生的职业技能是高职院校培养的首要目标。正因为如此,才更加不能忽视对学生人文素质的提高。培养完整的人的教育是任何教育都不能忽视的。在当前经济飞速

发展、信息大爆炸的时代,在重视提高职业技能的同时,也需要以高情商来适应融入当前的社会经济生活,只有具备了综合的个人素质,才能在更好地理解生活、创造生活的同时实现自我价值。

(二)加强人文素质教育是大学生适应时代发展的必然选择

改革开放以来,我国经济社会进入飞速发展的时期,但经济社会快速发展的同时,也衍生一些负面的影响。如人们在高速发展经济的过程中,忽略了经济发展带来的环境破坏;西方意识的入侵,导致人们道德意识变得浅薄等一系列问题。纵观西方资本主义国家的发展史,科学技术、社会经济发展进步,却是以道德沦丧为代价的。针对目前我国社会出现的一些问题,要尽快加以引导。对于年龄比较小、还未形成完整价值观的高职学生来说,给他们树立良好的榜样、建立健康的心态,这对于高职院校学生人格的健康发展、正确价值观的建立就显得格外重要了。与此同时,在高职院校中进行人文素质教育的价值意义也充分体现出来。诚信问题越来越被提起与重视,一个充满欺骗、不信任的社会必然是不会有良好发展的。高职学生作为未来社会的职业技术人员的主力军,以后将全面参与到社会建设的队伍中,试想如果他们的诚信出现严重问题,这相当于给以后的社会发展埋下"地雷"。针对这些现象,只有通过人文素质教育,要求高职学生勿以善小而不为,完善自己的道德品质,形成健康积极的道德准则。在高职院校中开展树立人文思想、培养学生的人文精神及加强人文知识教育,对缓解现代经济社会快速发展带来的弊端,尤其是信任危机,有着不可替代的重要意义。

(三)加强人文素质教育是提升高职院校竞争力的内在需求

目前,高职院校面临来自两方面的竞争:第一个竞争对手就是教学资源丰富、师资结构完备、创新能力较强、管理水平较高、生源质量较好的普通本科院校。从横向比较来看,第二个竞争对手就是国内其他的高职院校。与普通本科院校相比,高职院校可以说"先天条件不足",不论教育硬件还是软件,都是不能跟普通本科院校相比较的。尽管如此,高职院校也不是完全没有优势可言的,所以高职院校就必须发挥自己的长处,提升自身的竞争力。有些高职院校领导认为,学校如果呈现出来的是师生如潮、人声鼎沸就代表其竞争力强,觉得一所学校的竞争力大部分体现在其招生规模还有教师数量上。有些高职院校领导则认为,一所学校的竞争力主要体现在就业率的高低上,仅仅从毕业生就业率的数据上就体现了竞争力的大小。其实,这两种看法都是不全面、不科学的。判断一所高职院校是否真正具有竞争力,就要看其毕业生的综合素质和发展潜力。高职院校要想从根本上提升竞争力,培养出具有竞争力的高素质劳动者和技术人才,除了培养学生的专业技能水平之外,人文素质教育也是不可或缺的一环。如果一所高职院校培养出来的学生既具备精湛的技术水平、较强的自主创新能力,还具有良好的职业道德,那它的竞争力自然不言而喻。

(四)加强人文素质教育有利于高职院校大学生全面健康发展

加强对高职院校学生的人文素质教育培养,对其全面健康成长有着至关重要的作用。有利于树立健全科学的人生观、价值观、世界观。高职院校学生在学校学习期间,是其身心快速发展的阶段,也是各种观念形成的重要阶段。通过对学生进行人文知识的教育,培养学生实事求是、脚踏实地的工作作风,为现在的学习和今后的工作提供科学的思想指导,有利于塑造良好的道德品行。通过对学生进行人文素质教育,帮助和鼓励学生树立敬业奉献、我为人人的优良道德操守,强化社会责任感、职业道德规范和角色意识,并通过各种实践活动使其人文精神内化为个体的外在稳定的行为方式,这样才能更好地为人民服务,有利于培养完备的职业素质。通过加强人文素质教育,改变高职院校专业划分过窄、知识分割过细、单纯传授具体知识的做法,加强综合性的素质教育,注重培养学生分析解决问题的能力、良好的心理素质培养等综合能力的全面提高,使得高职学生在竞争激烈的社会能从容应对,有利于培养健康的艺术情趣。让学生在接受高雅文化艺术熏陶的同时,培养他们丰富的情感、健全的人格,提升学生礼仪修养、审美情趣、政治素养,有利于培养可持续发展能力。在培养学生专业知识技能的同时,加强相关专业素质修养的教育,提升学生的文化素养,进而在今后职业规划时能更加理性与坚定。

第二节　人文素质教育的理论基础

一、人文素质教育相关理论基础

（一）人的全面发展理论

马克思主义全面发展理论强调人的全面发展,认为人的全面发展是自由、协调的发展。该理论提出:"每个人的自由发展是一切人自由发展的前提条件。"因此,人文素质教育与马克思关于人的全面发展学说在其本质上是一致的。人文素质教育是全面发展理论的具体体现,其目的就是要把全面发展思想具体落实到每个个体身上,人文素质教育理念是马克思主义全面发展理论在新时期的具体体现。

人的全面发展以人对发展的自觉意识为驱动力,高职学校培养全面发展的个体,主要是培养学生对生命价值和人生目标的自我认知,从而激发学生强烈的内心需要和发展动机。人文素质教育同样也注重学生的全面发展,可以说,人文素质教育是全面发展教育的一种完善。

（二）人本主义理论

人本主义理论强调人的尊严和价值,以实现自我为最终目的。以美国人本主义心理学家马斯洛为代表的人文学派将人的需求分为五个层次,自我实现是人最高一层的需要。该理论明确提出个体都有追求自我实现的倾向性,都有追求真善美的本性,以及促进自我内在潜能的发挥和价值的实现。当个体的行为得到他人的关注或认可之后,会激发自身追求更高境界的动机。事实上,高职学生希望在情感上得到来自教师及周围学生的关注和认可。在"唯分数至上"的校园氛围中,很多学生产生心理上的自卑感,面对学习害怕失败,心灵上敏感脆弱等,这些心理因素迫切需要高职学校人文素质教育的开展与实施。

人本主义作为高职学校人文素质教育的理论基础,主要是因为该理论强调学生作为学习活动的主体,指出教师要充分尊重学生,通过在学校开展形式多样的教学或实践活动,为学生提供轻松活泼、平等开放的学习氛围,发挥学生的主观能动性。同时也教会学生了解生活的价值,学会如何与人相处,学会自我调节和自我尊重,并通过自己的努力实现自我价值。这是人本主义理论作为高职学校人文素质教育理论基础的主要原因。

(三)建构主义理论

建构主义又称为"后认知主义",该理论的哲学渊源与马克思主义哲学相关联,对当今的教育实践活动产生深远影响,强调学生在学习过程中的主动性与建构性,将学生确定为信息处理的主体,积极建构知识。

建构主义之所以成为高职学校人文素质教育的理论基础,是因为以下三个方面的原因。第一,主动建构性。就是要求学生在教师传授知识的整个过程中要占据主动性,这个过程是学生主动建构知识的过程,谁都无法代替。高职学校的学生,其最大的特点就是"好动",动手能力突出,而教师理应将这种特长给予最大限度地发挥,引导学生通过实践加深对所学对象的理解与记忆,这与人文素质教育的诉求相一致。第二,活动情境性。知识的学习需要在具体情境中进行,没有情境,知识的学习很难进行下去。这与高职学校的教学情况相类似,学校的实习实训基地专门培养学生解决实际问题的能力,教师及时为学生提供建议与指导,使高职学生更好更快地适应真实的工作环境。第三,社会互动性。学习是一种将外在文化转化为内在知识的活动过程,在教学中这一过程的完成需要与他人共同合作。因此,建构主义理论强调,要运用小组合作探究的学习方式,来促进学生对知识体系的搭建。这一理论与高职学校人文素质教育的课堂教学方法不谋而合,小组协作学习的方式,符合高职学校人文素质教育提倡的培养学生适应社会交往能力的要求。

(四)理论启示

人文素质教育与马克思主义倡导的全面发展理论密切相关,该理论强调人自由而全面的发展,提倡把学生培养成全面发展的人,指出全面发展不仅要讲共性,而且也要讲个性。它并不排斥发展和培养个体的某一方面特长,甚至主动倡导在一个群体中,个体应该有区别地各自发展。随后,20世纪五六十年代,以马斯洛为代表的人本主义学派异军突起,他们充分肯定人的价值,维护个体尊严,在肯定人的价值的基础上提出,教育的目标是要培养健全的人格。其后一段时间,以瑞士著名心理学家、哲学家皮亚杰为先驱的建构主义开始被人们所重视,该理论是关于知识、学习方面的理论,将研究重点集中在学习者身上,相信学习是学习者与原有的知识经验相联系,主动建构新知识的过程,是一种有意义的接受学习,该理论的提出不同于传统的学习理论和教学思想,对后来教学设计产生重要影响①。

以上三种围绕人的发展而形成的理论,它们之间表面上自成一个流派,但本质上都将教育教学的重心转移到学生身上,这些都为我国当前高职院校人文素质教育的发展提供理论支持。全面发展教育、人本主义教育、建构主义教育都与人文素质教育在本质上具有一致性。可以说,人文素质教育是上述几种理论在当前社会的具体体现,它们想要达到的教育目的是一致的。高职学校人文素质教育的实施,应以上述教学原则和教学原理为理论依据,注重学生全面协调发展,实现"教学专业化",增强学生人文素质。

二、高职院校人文素质教育的理论依据

马克思对未来社会理想目标的设定是人的全面发展,他提出了人的发展的三种形态,即人对人的依赖阶段、人对物的依赖阶段和人的全面发展阶段。因此,人的全面发展是人类未来理想的存在形态,而全面发展的基础就是包括人文素质在内的综合素质的提升。

(一)中国传统文化中的相关论述

中国古代教育强调以人文本,古代先贤强调自我修养,重视古籍的学习、传统的继承和教化活动的影响,以培养完善人格为主要教育目的,重

---

① 刘登科.人文素质教育读本[M].北京:中国言实出版社,2020:17-21.

视道德教育。这些在一定程度上就是人文素质教育，它凸显着人文素质教育中对内在人性修养和培养完善人格的关照。

1. 儒家学派"修身为本"的人文思想

以孔子为代表的儒家学派的教育思想，集中代表了我国古代人文素质教育的宗旨。孔子的教育活动是围绕培养人的"德性"展开的，即通过对文化典籍的学习，多方面完善弟子的"人之所以为人之道"，存在着鲜明的道德教育倾向。《大学》是我国最早的教育著作，指出教育的目的为"大学之道在明明德，在亲民，在止于至善"。儒家的人生哲学把人视为万物之首，主张"敬鬼神而远之""天地之性人为贵"，体现了以人为本的思想。孟子也强调，人与禽兽的本质差异是"犬之性犹牛之性，牛之性犹人之性与"。荀子在《王制》一文中说："水火有气而无生，草木有生而无知，禽兽有知而无义，人有气有生有知亦且有义，故最为天下贵也。"儒家肯定了人在现世生活中的主要地位，在这样以人为本思想的指导下，确立了做人的责任，主张"自天子以至于庶人，壹是皆以修身为本"。这种"内圣外王"将个人之善惠及天下百姓，从而达到"至善"的境界的理想状态，就是儒家所追求的最高的人格理想。"内圣"指通过自身的修身养性所达到的一种高尚的人生境界，"外王"是人的身性修养的外在表现，在教育内容上主张"志于道，据于德，依于仁，游于艺"，其教育内容以道德教育为核心，即"以学育德"。之后有曾子的"吾日三省吾身"，我国古代先贤认为"修身"为做人的根本，孟子讲"吾善养吾浩然之气"，追求"穷则独善其身，达则兼济天下"。这些人文思想对我国后世人文主义思想的影响极大，一直是我国古代教育思想的主流。

2. 宋明书院制的"明人伦"思想

宋明书院的所在地大都环境清幽、风景秀丽、藏书丰富、文物荟萃，书院制是我国古代人文素质教育的另一个典型代表。书院教育讲求超脱名利的修身为人之道，其代表人物王守仁、朱熹都主张在教育过程中要"存天理、去人欲"，强调"父子有亲，君臣有义，夫妇有别，长幼有序，朋友有信，此人之大伦也"。朱熹针对当时学校教育忽视伦理道德教育、争名逐利的现实，主张学校教育的目的在于"明人伦"，认为教育要"符合其举,教以歌舞,使学生如处春风雨露之中,身心自然潜滋暗长",关注教育对象内心修养的重要性。书院教育的另一代表王阳明认为,阅读古代典籍是明心的手段,绝不能为读书而读书,反对死读书,这在当时具有一定的积极意义。

我国传统文化中有数千年的封建人文传统,人文精神也在不同的历史时期有着不同的具体内容和表现方式,我们应该辩证地对待我国传统文化中的人文主义思想,"取其精华,去其糟粕",这些都是高职院校开展学生人文素质教育的理论基础。

(二)西方人文素质教育相关理论

西方人文素质教育经历了从博雅教育到自由教育、文艺复兴时期的人文教育和通识教育三个发展阶段。从中我们可以看到西方人文素质教育在不同时期的各自特点和相互联系,这有助于我们全面而深刻地理解人文素质教育。

1.从博雅教育到自由教育

博雅教育以塑造人的完美灵魂为教育目标,认为理性是健全生活的模板,它通过一套系统的语法、算术、逻辑、天文学、音乐等课程来培育受教育者的心智。自由教育来源于博雅教育,它以对理性的尊重和内在完美的追求为宗旨,其教育目的是对深奥理论知识的探讨。古希腊著名思想家亚里士多德认为,自由教育可以使受教育者获得智慧、道德和身体的统一协调发展。他认为各种行业的实际操作是奴隶们的事务,自由教育不屑于职业训练,认为会有损于受教育者智力的发展。亚里士多德关于自由教育与职业训练的区分,体现出古希腊不同阶层的人享受教育的权利差别较大。亚里士多德的自由教育同其哲学、伦理学密切相关,对后世人文教育的发展影响颇为深远。

2.文艺复兴时期的人文教育

这一时期的人文教育,主张恢复古希腊时期的德育、智育、体育、美育等多方面教育,培养和谐发展的人。中世纪教会学校从"肉体是灵魂的监狱"思想出发,废除了体育。人文主义者认为要重视发展人的身体力量,主张通过体育活动使人具有健康、协调、敏捷的身体。在道德教育方面,改变了以中世纪宗教思想为中心的情况,主张用自由、平等、幸福的道德观和人道主义进行教育活动,这一反映新兴资产阶级思想的现实主义道德教育是进步的。在智育方面,增设了文学、历史、伦理学、音乐等自然和人文方面的课程,这个时期的智育不仅重视传授知识,而且还注意到发展智力,要求尊重受教育者、反对体罚,要求在教学过程中注意启发受教育者的求知欲和学习的主动性、积极性,注重观察,并培养其思考的能力。文艺复兴时期的美育、文学、艺术等方面的人文教育空前繁荣。

3. 通识教育

通识教育出现于20世纪中期,是针对解决当时大学教育过度职业化、专业化,以及人文教育贵族化倾向提出的。通识教育强调教育对象的思维训练,以及表达、判断等能力的培养,并以此使教育对象获得较完整的发展,体现了人文精神和科学精神的统一。通识教育是一种超越功利性与实用性的人文教育,它没有硬性的专业区别,教育对象通过多样化的知识选择,开发个体的潜质与精神气质,追求独立人格与独立思考的可贵品质,顺其自然地成长。其认为教育活动是要孕育出真正的"人",而非制造出流水线上的产品。如果说西方人文教育思想起源于古希腊的自由教育,文艺复兴时期无疑是古典人文教育的一次巨大发展,那么,通识教育则是西方人文教育的又一次更大意义上的勃发。

(三)马克思主义经典作家的相关论述

马克思是人的全面发展理论的创始者。他指出人的全面发展包括三个方面:第一,人的需要的全面发展。人的需要的满足是人的全面发展的基本条件,而人的需要的满足也为人文素质的提升奠定了重要的基础。第二,人的能力的全面发展。包括人的政治、思想等能力的全面发展,这些能力的获得是以人文素质的提升为条件的,人文素质提高有助于人各种能力的全面发展,人的素质或能力的全面发展是人全面发展的核心内容。马克思、恩格斯明确指出:"任何人的职责、使命、任务就是全面地发展自己的一切能力,其中也包括思维的能力。"第三,人的社会关系的不断发展。人文素质对于人的社会关系的建立至关重要,并对人社会交往的广泛性和深入性有着较大的影响。第四,人的个性的全面发展。人的个性的全面发展是人全面发展的体现,它也要在人文素质不断提升的意义上才能得到,人文素质的提升使得人的个性更具魅力。

列宁在对社会主义建设的思考中,认识到在社会主义和资本主义的竞争中,起决定作用的是综合国力,其中就包含人的素质,认为社会主义要实现经济社会全面发展,就必须重视提高人的素质,就必须有大量全面发展的高素质劳动者。毛泽东指出:"丰富的社会常识与自然常识是从事工作和学习理论的基础,国语、历史、地理和自然常识学好了,到处都有用。"他还主张:"我们的教育方针就是要使受教育者在德育、体育、智育等方面都得到发展,成为社会主义有觉悟、有文化的劳动者。"这些都集中体现了毛泽东关于人文素质教育的观点。

邓小平指出:"我们要掌握和发展现代科学文化知识和各行各业的新技术、新工艺,把我国建设成为现代化的社会主义强国,就必须培养具有高度科学文化水平的劳动者。"这里讲的文化包括科学文化和人文历史文化。邓小平同志已经认识到文化素质教育对于提升人们的文化水平,使人们认清社会主义道路的正确性、优越性,并珍视今天的幸福生活具有较强的现实意义和重要的理论价值。

纵观马克思主义经典作家对人文素质相关内容的阐述,可以归纳为:第一,人的发展素质全面化就是包括思想道德素质、科学文化素质、健康素质的全面化发展。思想道德素质由政治思想、法纪观念、道德规范、理想信念等因素共同构成;科学文化素质由科学精神、文化知识、智力才能等因素共同构成;健康素质由体质、体能、性情、心态等因素共同构成。人的全面发展离开以上三类素质根本就无从谈起。第二,个体的物质生活和精神生活的全面发展,世界观、人生观和价值观的确立,体力与智力的协调发展,身体素质、心理素质的健康发展,各种社会关系的充分发展,它们是全面协调而又充分自由的。第三,人的全面发展是衡量社会进步的价值尺度。所谓社会进步,就是以人为中心的政治、经济、文化的全面进步。由此来看,人是一个社会存在和发展的前提条件,人的全面发展也是社会发展的最终目的。因此,马克思主义者认为,只有推动了人的全面发展,才是一定意义上推动了社会的发展,这为高职院校学生人文素质教育研究提供了一定的理论支撑。

(四)我国目前的相关教育政策

高校人文素质教育以培养学生的人文素质为重任,在整个高校教育体系中所起的作用不容小觑。党的十六大报告则直接指出,人的全面发展就是全民族的思想道德素质、科学文化素质和健康素质的全面发展。党的十七大报告提出的科学发展观,明确将促进人的全面发展确定为全面建成小康社会的本质要求、核心目标和重要内容。也就是说,牢牢把握住"推动社会进步,促进人的全面发展",就是理解了社会主义现代化建设的根本要求。党的十七届六中全会,党中央又提出文化大发展、大繁荣的战略口号,公民个人的人文素质的水平,决定了国家、民族的整体文化水平,直接决定了文化强国这一重大战略能否实现。党的十八大报告将"立德树人"确定为现代教育的根本任务,反映出党对教育的本质有了更深的认识。党的十九大报告指出,建设教育强国是中华民族伟大复兴的基础工程,必须把教育事业放在优先位置,深化教育改革,加快教育现代化,办好人民满意的教育。要全面贯彻党的教育方针,落实立德树人根本任务,发展素质教育,推进教育公平,培养德智体美全面发展的社会主义建设者和接班人。习近平总书记更是高度重视人才培养的问题,指出"提高人才培养质量,必须深化教育改革、推进素质教育、创新教育方法",培养中国特色社会主义事业的高素质建设者和合格接班人。在2018年全国教育大会上,习近平总书记首次将劳动教育与德育、智育、体育、美育并列,指出"要努力构建德智体美劳全面培养的教育体系,形成更高水平的人才培养体系"。中共中央、国务院《关于深化教育教学改革全面提高义务教育质量的意见》提出"坚持'五育'并举,全面发展素质教育";国务院办公厅《关于新时代推进普通高中育人方式改革的指导意见》提出要"构建全面培养体系",并要求"到2022年,德智体美劳全面培养体系进一步完善,立德树人落实机制进一步健全"。"五育"并举、"全面培养体系"的明确提出,是对素质教育内涵和实施方略的新发展,有利于教育工作者更全面准确地把握新时代教育的根本任务和基本方略。

1998年，教育部发布了《面向21世纪教育振兴行动计划》，其中提到要全面贯彻素质教育的方针，大力推进素质教育建设，实施"跨世纪素质教育工程"。

1999年颁布的《中共中央、国务院关于深化教育改革、全面推进素质教育的决定》，强调"高等教育要重视培养大学生的创新能力、实践能力和创业精神，普遍提高大学生的人文素养和科学素质"。

2004年颁布的《中共中央、国务院关于进一步加强和改进大学生思想政治教育的意见》中提出，"要加强大学生的人文素质和科学技术教育""为实现培养德智体美全面发展的社会主义建设者和接班人的宏伟目标，全面推进大学生素质教育工作"。

2005年，教育部公布的教育改革与发展的六项重点工作之一就是坚持"育人为本、德育为首"，要求全面推进素质教育。

2010年，在全国教育工作会议上，胡锦涛指出："推动教育事业科学发展，必须坚持以人为本，全面实施素质教育，这是贯彻党的教育方针的时代要求。"

2013年9月30日，习近平总书记在主持中共中央政治局第九次集体学习时讲话指出："要深化教育改革，推进素质教育，创新教育方法，提高人才培养质量。"

2015年4月28日，习近平总书记在庆祝五一国际劳动节暨表彰全国劳动模范和先进工作者大会上讲话指出："我们要始终高度重视提高劳动者素质，培养宏大的高素质劳动者大军。劳动者的素质对一个国家、一个民族的发展至关重要。"

2018年9月10日，习近平总书记在全国教育大会上强调："要坚持中国特色社会主义教育发展道路，培养德智体美劳全面发展的社会主义建设者和接班人。要努力构建德智体美劳全面培养的教育体系，形成更高水平的人才培养体系。要把立德树人融入思想道德教育、文化知识教育、社会实践教育各环节，贯穿基础教育、职业教育、高等教育各领域，学科体系、教学体系、教材体系、管理体系要围绕这个目标来设计，教师要围绕这个目标来教，学生要围绕这个目标来学。"

2021年4月12日至13日，全国职业教育大会在京召开。会议前夕，习近平总书记对职业教育工作作出重要指示,强调加快构建现代职业教育体系,培养更多高素质技术技能人才、能工巧匠、大国工匠。

从以上可以看出,20世纪90年代以来,国家坚持倡导和推进人文素质教育,这既是我国教育事业的总体目标,又是大学生的培养目标,是对马克思"人的全面发展理论"的印证。

第三节　人文素质教育的人文特点及功能

一、人文素质教育的基本特点

与科学文化教育、政治理论教育等专业性教育相比,人文素质教育独具特色。它解决的不是知识技能的问题,而是精神层次的问题。尽管我们经常借助"头脑的高度"来达到"心灵的深度",但专业素质教育始终代替不了人文素质教育。据此,笔者以不可替代性为突破口来发掘人文素质教育的其他特点,如时代延续性、社会群体性、内在稳定性等,以便更好地把握人文素质教育的本质内涵。

(一)不可替代性

纵观人类历史文明进程,可以发现一条科学主义与人文主义隐显交错的斗争轨迹。尽管两者间的博弈在所难免,但历史绝不会允许唯科学主义肆意泛滥。那是因为脱离人文的科技闹腾不了多久,当人类从工具理性中苏醒过来的时候,人文之光又会重新燃起,人文素质教育再次回归到人性的本源。事实上,人文素质教育不但关乎民族存亡,而且还关系到个人的成长。正如爱因斯坦在《论教育》中所谈到的那样:"从学校走出来的不应该只是一个专家,而应该首先是一个和谐的人。"很明显,专业素质教育是无法代替人文素质教育的,反而靠人文情怀来支撑。另外,在科技领域,普通人也许搞不懂牛顿的经典力学,在金融行业,经济学家也会帮助我们认清当前形势,有时候就连自己的权力也可以交由政治家代为行使。在诸多领域,精英们可以代替我们去想、去做那些令人难以理解的事情,但唯独精神是他们所无法代劳的,思想的财富只能通过思维的方式去创造和享用。因此,人文素质教育体系的建构需要我们每个人介入其中、尽心竭力地去完成,这是所有人的分内之事,也是每一代人不容推卸的历史责任。

(二)时代延续性

教育是人类社会发展的产物,任何形式的教育均不可避免地带有时代烙印。所谓人文素质教育的时代性,是指不同时期人文素质教育的内容、结构、特点和水平,深受它所处年代的经济、政治和文化等诸多因素的影响,呈现出特定的历史形态,具有一定的时代特点。即使发展到今天,人文素质教育仍旧坚持与时俱进的时代品质,并非只是复制某一时期人文素质教育的固定模式,而是吸收和借鉴了古今中外人文思想的精髓。再者,人文素质教育既不会随着知识或年龄的增长而无限发展,也不可以在中途弃之不管或束之高阁,而是需要每一代人的自觉积累和悉心守护。一旦放弃这种努力,人文素质教育便会停滞不前乃至堕落。这就好比希腊神话中的命运。由于触犯天条,西西弗斯被罚每天从山谷向山顶推一块巨石,巨石一旦推上山顶,又会滚落到山谷。然后,西西弗斯又需重新开始推石的工作,周而复始,永无完结。从这一角度来说,人文素质教育具有渐进性和不可停歇性,它是一项长期的、不容松懈的系统工程。

(三)社会群体性

人是现实社会中的人,不可能脱离群体而孤立存在,人的社会属性就决定了人文素质教育具有社会性或大众性。在爱因斯坦所处的年代,一项新技术的发明和创造往往归功于极少数人,但在科学技术日新月异的今天,这项工作绝非一两个人能够完成,而是几十号人、上百万人,甚至几代人携手努力的结果。人文素质教育亦是如此,它需要全社会的共同滋养,这份力量源自一个整体,也只有在人类这片广袤的土地上才能绽放出人文的芳香,唤醒内心深处的良知。所以,人文素质教育非但不能是精英教育,而且还要面向社会大众,营造浓郁的人文环境。众所周知,如今的人文素质教育早已不再是少数人的专利,涉及的领域和范围越来越广,享有的对象也日渐扩大。不可否认的是,文化界应当拥有人文大师,就如同科学界需要科学巨匠一样。然而,如果仅存在人文泰斗而缺少人文大众,就不可能搭建起牢固的人文阵地,也就无所谓人文素质教育的真正进步。这实际上就是人文素质教育对象的广泛性和群体性。

(四)内在稳定性

人文素质作为人的基本素质,在常态下是内隐的。故而,人文素质教育也是一个不断内化的过程,即个体在一定的先天生理基础上,经过人文环境的熏陶和社会教育的影响,逐步养成独特的人文品质的过程。说得通俗一点,就是把客体的存在转化为主体的思维,把外在的人文知识转化为内在的人文精神。人文素质教育存在独特的内部机构,它不能被直接观察到,其特点和水平也无法凭直觉估计,具有内在性。正因为人文素质教育有一个稳固的内在结构和缓慢的内化过程,这样外界因素也就起不了决定作用。它的基本内容经过长期的积淀,已经形成一套固定模式,其培养目标也不是一朝一夕所能完成的,更是日积月累的过程。人文素质教育一旦发挥作用,其效果在短期内不容易消失,并通过个人的言行反复地表现出来。虽然人文素质教育具有稳定性,但它并非一成不变,如果缺少后天的学习,也不参加社会实践,人文素质教育效果就会消退甚至丧失。针对这种特性,我们应该从小的时候抓起,每一个成长阶段都不能停止。可见,人文素质教育的内化性决定它的相对稳定性,合起来可以称之为"内在稳定性"。

二、高职院校人文素质教育的人文特点

现代人文素质教育就是将人类优秀的文化成果和人文科学通过知识传授、环境熏陶,使之内化为人格、气质、修养,成为人的相对稳定的内在品格。人文素质是人文科学、人文教育在教育对象身上所体现出的成果,人文素质也称文化素质,包括语言文字修养、文学艺术修养、伦理道德修养、文明礼仪修养、政治理论修养、历史和哲学修养等。人文素质是一个人外在精神风貌和内在精神气质的综合表现,也是一个现代人文明

程度的综合体现。由于高职院校培养目标及学生的特性,其人文素质教育应突出高职院校自身的特点。

（一）突出人文知识中人文价值情怀

在职业教育中,加强人文知识教育应重在提高主体性水平,前者是技术知识教育,具有工具价值;后者作为人文教育,更重于精神价值。两者从方式到形态都不完全一样,有时也并非完全和谐。如果对人文教育也采取灌输性知识教育的方法,有时反而会压抑人性。所以,人文教育不等同于人文知识的教育,文学、历史、伦理、哲学等人文学科知识都有专门的课程设计,但人文知识要与真正的人文精神联系在一起,不能死背教条,脱离实际。否则,那只能是这样一种后果:学生把知识的因素都接受了,但人性的因素却越来越遮蔽了。这不是人文素质教育的理想结果。现代职业教育不同程度地受到美国心理学家、教育学家布鲁纳"学科结构"和美国心理学家斯金纳新行为主义等具代表性的"科学主义"实用教育的影响,因此,高职院校人文知识教育中,必须时时强调突出人文价值的情怀。

如果说文艺复兴以来西方占统治地位的文化,在确立个体性原则的同时逐渐走向更强调人类精神的普遍性、必然性的话,那么,19世纪后期以来的人文主义思潮则更注重个体及其独特价值,强调个人在情感意志方面的自由发展。现代的人文主义者普遍认为,科学旨在得出普遍规律,人文则更注重活动和选择的自由意志;科学技术强调工具理性,而人文则看重价值理性、终极关怀。认识这一点在当前高职教育中尤为重要。

（二）高职院校人文素质教育中应突出默会性人文知识的熏陶

人文世界、人文知识和人文素质在个体和社会发展中具有核心的作用。而人文素质中许许多多都是缄默性知识,必须突出感受体悟和养成。根据高职院校培养目标及学生的特性,人文素质教育中应突出默会性人文知识的熏陶。将人文教育从大量概念、事实、原理的掌握中解放出来,促进对自己和社会日常生活实践的人文反思,唤醒高职学生真正内在的人文需要，培养他们基本的人文素质，帮助和鼓励他们理解历史上高尚的人文理想和人文精神，切实增强他们对诸如消费主义、功利主义、享乐主义、虚无主义等堕落人文意识的批判力和抵抗力，使他们真正地感受和体验到人性的美好和价值。

素质教育与人文素质教育有联系也有区别，人文素质教育强调内化人格，素质教育注重外化能力。人文教育的基本作用是培养人们的人文精神，塑造出一种责任感、使命感。通过历史、文学、艺术、哲学、伦理等缄默性知识的体验性学习，提升人文精神，才能使人站得高、看得远、行得正、坐得直，提高认识事物本质的能力。人文学科既非实用性，又非营利性，也非生产性，但人文学科为造就健全的人格、变革客观世界提供能量和内驱力。其中，中国传统文化对思想感情的熏陶、思维能力的开拓、精神境界的提升、民族人心的凝聚，其作用、影响、贡献、深度、广度、强度都是十分深远的，必须不断地去发扬光大。

（三）人文素质教育对职业属性的人文关照

职业化意识已成为劳动者队伍建设和管理的基本途径，这种职业化至少包括三个内涵。第一，以"人事相宜"为追求，优化人们的职业资质；第二，以"创造绩效"为主导，开发人们的职业意识；第三，以"适应市场"为基点，修养人们的职业道德。职业资质包括职业岗位需要和任职供给的知识能力结构，而二者的相宜是职业化的基本准则。高职人文素质教育只有突出对职业生活的关照，才能有效培养学生的综合职业素质。

面对时代进步和科技发展所带来的挑战，应强调人才的综合职业素质，重视科技进步与人文关怀统一。当一名大学生缺乏基本的文化素质时，他所需要填补的不仅是有关的知识、技能，而且还有与其所受高等教育不相称的、作为一个人的缺失。人文素质教育与职业属性的相关照，使高职院校达到人文教育与技术教育的有机结合。二者虽分属两种不同体系，但又是可以相互渗透合二为一，且不对二者任何一方产生偏颇。目前，尤其是对轻视人文教育的问题应广泛重视，淡化人文的教育是残缺的教育。在加强人文教育、培养学生良好的文化素质和健全人格的过程中，对职业生活又应有所回应，达到提升人性与人力的相互统一。这必将成为职业技术教育改革的切入点,它将成为新世纪高职教育发展的一种必然趋势。

三、人文素质教育的社会功能

人文素质教育的落脚点在于培养人,培养具有"文化自觉"能力的人。人文素质教育在这一方面担负着重要的任务,这也是人文素质教育的功能所在。

何谓"文化自觉"？联系中国传统文化精神的根本,可以认为文化自觉表现为一种对本民族文化、对世界文化的发自于内在心理的担当意识。在《中国大学的人文教育》一书中,认为"文化自觉"主要包括两个方面的内容:"第一,今天的中国人需要了解中国经济的崛起并非只有经济史的意义,还具有世界文明史的意义。现在全世界都把中国的崛起看成是21世纪的最大事件,认为中国的发展可能会决定性地影响和改变整个世界格局。对中国在当今世界上的这种地位,中国人必须要有自觉的意识,要自觉地从世界文明史的高度来看中国和世界,要自觉地从世界历史的大视野来重新认识中国,重新认识世界。第二,更重要的是,提出'文化自觉'是要指出,目前,我们国家的文化还没有得到全面的发展,我们对文化的发展和认识还不是很充分。因此,提出'文化自觉'不是要助长文化自大狂,而恰恰是要反对文化自大狂,反对文化浮躁气,反对文化作秀风。我们所说的'文化自觉'提倡的是从非常具体的事情着手,做耐心扎实的文化奠基工作,要特别反对吹牛皮、说大话,搞花拳绣腿。"①

这段话比较充分地反映了我国普遍进行文化素质教育的原因和内在动机,它说明了人文素质教育的文化公共关怀功能。所以,文化素质教育从大处看关乎国家民族的前途未来,从具体微处着眼则与人的综合素质构成有关,涉及情感与价值取向、科学精神、科学知识与科学技能等问题。或可改变封闭、狭隘的内心,进行"心力"的换回,用独立自觉的文化判断去调整教育传统等,这都是人文素质教育的功能所在。而具体到大学生,人文素质教育将在协调个体与社会、明晰思想和知识,以及醇化素

①甘阳,陈来,苏力,主编. 中国大学的人文教育[M]. 北京:生活·读书·新知三联书店,2015:65.

养和能力等方面实现它基础培养的功能。

(一)协调个体与社会

人文素质教育的一些基本元素有利于协调个体与社会的关系,更好地处理自我与社会秩序之间的矛盾。人类不同于一般动物的地方,在于人类的群体性和由群体而结合的社会属性,这一群体既是使每一个个体有所依托的靠山,也是使得每一个个体感受到压抑的力量。在个体与社会之间,这种互利且互相挤压的现状,要求从教育领域协调二者关系,人文素质教育正是解决这一矛盾的领域。

在个体与社会之间,最大的矛盾是个人自由的无限性要求和群体对这种自由的限制之间的矛盾。从人类的天性来说,追求自由是他的天然属性,甚至大于生命的价值,正如匈牙利爱国诗人裴多菲所说:"生命诚可贵,爱情价更高。若为自由故,二者皆可抛。"而在人的自由和人类的自由之间,又有所差异。个体的自由首先与自然存在着天然的对抗;与人类群体之间存在着利益的不均与意见的分歧;作为加入了群体的个体,存在着其所属群体与其他群体之间的对抗。在这三层不一致之间,从个体角度来说,人的自由性遭到了压抑,出现了个体与社会矛盾的不同面相。这种不同面相相应的要求为协调它们之间的矛盾产生不同的办法,而这些办法必须能够从具体的每一个个体出发,也即能够从个体的意识角度解决其与社会的种种矛盾。

由上述分析,追溯东西方人类历史,可以看到一些解决途径。比如在传统中国,儒家伦理提出了中庸观念,道家思想则提出"无我""坐忘"的玄学主张,禅宗思想用所谓"菩提本无树,明镜亦非台,本来无一物,何处惹尘埃"的思想大化人生。在"读书人"群体中,面对自我生命的幻化,他们也四处寻找。不说老子、庄子、孔子、孟子这些先贤们创立的道家、儒家思想,晋代诗人陶渊明为解决个人与社会之间的矛盾采取了"积极避世"的态度,渴望"采菊东篱下,悠然见南山",以回归自然田园的方式保持个人人格的独立。他的诗歌赞颂菊花,而菊花在传统文学和人格象征中都有了特定的意义,已经成为隐逸的象征,成为中国古代传统文人解决个体与社会矛盾的一种方法。宋代大文学家苏东坡感喟人生易逝,在

《前赤壁赋》中提出了"寄蜉蝣于天地,渺沧海之一粟;哀吾生之须臾,羡长江之无穷;挟飞仙以遨游,抱明月而长终,知不可乎骤得,托遗响于悲风",企图从化身自然中解脱生命,成为历代读书人的楷模。

今天,人们对于精神上的追求,也产生了不同的解决办法。下面从两本著作的分析中会看到,在其叙述中,都含有对个体与社会紧张感的问题的思考。其中第一本是美国作家米奇·阿尔博姆根据真实经历写作的《相约星期二》,在这本书中,主人公叙述了自己事业有成,但是却疲于奔命的生存状态,忘记了当年初出校门时的热情和理想,对生活感觉疲惫,这不是他所情愿的。换句话说,他并不认为这种生存状态是幸福的,于是他找到了自己的大学老师——年逾七旬的社会心理学教授莫里,希图通过与老师的交流解决心中的焦虑。莫里教授与米奇畅谈生活,他们谈论的话题无所不包,是生活的方方面面、是人与社会的各种关系,如何看待世界、如何珍视生命、如何正视死亡、如何处理情感、如何谅解他人、如何面对金钱,对文化作种种反思,还有自怜、遗憾,对衰老的恐惧,对家庭、婚姻和爱的思考。莫里教授的名言是:"学会与生活讲和。"他似乎在告诉我们,最好的人格特征并不是一味地斗争,而是学会"与生活讲和"。《相约星期二》不仅在美国,而且在中国和世界各地都产生了较大的影响,它和《你在天堂里遇见的五个人》《一日重生》被称为米奇·阿尔博姆的"情感疗伤"佳作。余秋雨先生在为这本书作的序言中写道:"临终前,他要给学生上最后一门课,课程名称是人生。上了十四周,最后一堂是葬礼。他把课堂留下了,课堂越变越大,现在延伸到了中国。我向过路的朋友们大声招呼:来,值得进去听听。"

另一本书是在我国影响很大的于丹的《论语心得》。该书除了有助于唤起大众对《论语》等传统国学的关注之外,对于青少年青春成长期的心理和大众化时代市民的焦虑心理还有一定的抚慰作用。在这部书中,于丹从"天地人之道""心灵之道""处世之道""君子之道""交友之道""理想之道"和"人生之道"七个方面谈起,基本思路是如何协调个体与社会的紧张关系,安置焦虑的心灵。书中认为:"我们的物质生活显然在提高,但是许多人却越来越不满了,因为他看到周围总还有乍富的阶层,总还有让自己不平衡的事物。其实，一个人的视力本来有两种功能，一个是向外去，无限宽广地拓展世界，另一个是向内来，无限深刻地去发现内心。我们的眼睛，总是看外界太多，看心灵太少。孔夫子能够教给我们的快乐秘诀，就是如何去找到你内心的安宁。"

由上述两本书的内容和相关评述，我们注意到和士人情怀传统之间的差异，而协调个体与社会的关系事实上也是有着不同的思路的。人文素质教育所着力培养的个体意识并不是风花雪月的小资情调，它一定和家国关怀密切相连，是文化精神的传承，其间暗含着文化命脉的延续与自觉。在此基础上的个体与社会的关系，就不再是一种对立的关系，而是一种协调的关系，同化、协商、谈判、妥协等多种因素都在其中，最佳的结果并不是彼此的毁灭，而是"讲和"。这就是人文素质教育的功能之一。

（二）明晰思想和知识

知识传授与思想倾向是不能分解的，也就是说，单纯的知识传授不能决定知识使用的方向。因此，人文素质教育的功能也在于明晰思想与知识的分合关系。对于每一个个体来说，知识的获得需要记忆，以及一定的身心感受能力和思维能力，而思想的获得则源于自由的愿望、自我意识的强度和群体社会的责任观念。在思想和知识之间有时会产生矛盾。知识具有客观性，随着人类认识水平的提高，知识的面貌存在更新。过去认为是对的知识，由于时间、空间，以及人类研究能力和手段的提高会发生变化。比如从普通物理学到量子力学，到宏观物理学，有时甚至是本质的变化，比如从"地球中心说"到"太阳中心说"，再到今天的"婴儿宇宙"假想理论。尽管有这样的变化，但不能否认知识具有相对的客观性。

人文素养则不同。人类的一些思想和愿望，包括人类历史上某些产生深远影响的思想，对人类无限肯定、给人们以信心的思想，其实可能是一种错误。放在历史的层面就会发现，在思想和知识之间，人类的前进道路是在鲜花和荆棘丛中走到今天的，思想和知识也都处于发展和变化中的，需要细致地剥离缠绕其中的情绪的、感性的认识，看到二者统一和矛盾的方方面面，为今天的思考服务。

第一,知识体现为一种结果,它为思想提供依据;而思想是一种思维和判断,它要反思知识的面貌、评价知识的水平和意义。人文素质更多的是为探求知识提供原动力,为恰当的思想提供人性的标准和思维的基础要素,包括自由倾向、感觉能力、逻辑能力等,人文素质教育的深化有助于在不同方面促进二者的发展。对于知识提高来说,人文素质的培养将注重思维能力、求异能力、抽象能力等。在思想培养上,人文素质教育将发展人类的判断力、批判力和反思能力。

第二,人文素质教育还有助于提高思想的水平和寻求知识的能力,明晰二者的不同作用。在人类历史上,思想仿佛灯塔,指引着人类前进的方向,包括知识寻找的方向,而人文素质教育将在人文的意义上强化这一观念,特别是自由的观念。这样努力的结果是把知识的地位拉回人间,避免知识理性造成对人类幸福的伤害。

总之,在人才培养中,人文素质教育有助于一个人的全面成长。它从人性深处出发的自主意识、求异的反思思维模式、感性的判断力都将有助于一个人思想、素养的提高,促进个体与社会的协调发展,也促进知识和思想趋于完善。

(三)醇化素养与能力

醇化,是使之更纯粹,达到美好而圆满的境界。作为人生修养的人文素质教育,对自我发展,特别是处理素养与能力的关系具有相应的功能。在此,如何醇化素养与能力,是需要思考的一个问题。要达到醇化,就要在素养和能力之间协调到最佳境界。对于一个人来说,有素养未必有能力,有能力也未必素养非凡,醇化好二者之间的关系就显得特别重要。

第一,单纯的知识教育有可能使受教者拥有非凡的能力,但是这并不意味着其素养很好,相反,若单一地强调素养,也容易走向精神领域的超越和玄想。恰当的人文素质教育,应有助于协调受教者平衡素养与能力的关系。这里的素养特别是指身心修养方面的人文素质,也指在人类精神生产产品方面的修养。尤其是在今天科技理性大力强调的时代,要加强人文理性的关怀,比如对理想、价值观念、美的追求等的关注。从具体形态上说,比如艺术、音乐、绘画等,在人才培养中,要把综合素质的熏陶与知识教育结合起来,避免人才结构的单一化,避免人才培养的单面化。

第二,在人文素养方面,进行更加细密的培养,能够更好地醇化人文素养与能力的关系,要向人文要素的深处开掘。比如,音乐训练不仅是要对受教者进行音乐作品本身的感受,而且更是在这一训练中培养感受能力;文学素养教育也不是单纯为了培养受教者去阅读和写作,更是要培养阅读者在阅读和写作中的精神提升。能力的深处是人的整体感觉,在进行人文素养训练中,从表层看是在进行具体的精神产品形态的熏陶,深层则是对蕴含在这些产品形态中的思维方式、认识方式、价值观念和感觉方式的培养。而这些方式,将成为能力转化的内在动力。

第三,人文素养有助于生活面貌的改变。在此基础上,将会大大提升人们认识的敏感性,影响人们对生活方向的选择,从而转变其能力提升的前进方向。特别是在人文科学、社会科学与自然科学研究的不同领域,人文素养会有助于主体把握能力努力的正确方向,比如人与自然的关系。过去强调人征服自然、改造自然,造成了大量的生态失衡,但是近些年来,人们努力的方向转向了环保领域,开始修补自然。这一认识的转变,表层看是人类对自然灾害的反思,认识到了人对自然破坏的危机,深层却涉及人与自然关系的改变,中国传统人与自然相协调等观念开始苏醒。这都是人文素养所关注的内容。

20世纪五六十年代的英雄人物马永顺是中华人民共和国成立初期第一代伐木工人。20世纪50年代,他创造了"流水作业法""安全伐木法""四季锉锯法"等方法,大大提高了木材的采伐水平。这使他成为英雄人物,甚至被写入全国手工伐木作业教科书,但是,伐树所造成的荒漠化使得他的晚年充满负疚感。1991年,他已78岁高龄,为了完成补栽一生伐掉的36000棵树,他带领一家三代15口人,到荒山坡上营造义务林,终于完成了夙愿。截至1999年,他带领全家共义务植树5万多棵。这个事例说明,人文素养教育是时代所需,同时它的补充也使人获得了完善的幸福体验。这一事实是醇化素养与能力的良好例证。

第二章　高职院校人文素质教育发展的动力

第一节　社会发展的需要

一、世界高等院校教育发展的趋势

重视学生的人文素养一直是世界各国密切关注的问题。苏联在1957年成功将第一颗人造卫星发射上天,当时正在研究赶超苏联的美国推出定论:卓越的科学家并非局限于个人的专业领域之内,熟悉艺术和人文学科可以使优秀科学家的视野更加宽广。国外高校人文素质教育起步较早,我国在人文素质教育上存在一定差距,对国外高校的通识教育等研究的较少。

日本大学人文素质教育通常被称为教养教育或通识教育。由于泡沫经济的崩溃,日本人对自己现在和未来的不安全感正在蔓延。东京大学古田元夫教授分析,正是这个原因促使我们重新认识素质教育。日本教育、文化、体育、科学和技术文部省有一个名为"中央教育审议会"的组织,该组织就新时期的教育存在方式发表了意见。其中,教养被定义为,在不断变化的社会中,互相尊重对方不同的生活方式和价值观,以及独立、自主生活的能力,这证实了教养教育是从小学到高等教育,乃至整个教育过程中的一个重要课题。东京大学在2004年确定了培养平民精英的目标,东京大学已成为培养的平民精英的摇篮。之所以说"平民精英",是因为素质教育的使命不是培养活跃在稳定社会中的专家和技术人员,而是培养在变化社会中不靠地图导航、有自发的社会责任感的人才。

培养学习的动力和抱负。古田元夫认为,首先,学生要看学习的大局。在这方面,东京大学为一些知识领域的一年级和二年级学生设立了一系列俯瞰课程,来自东京大学的诺贝尔奖获得者担任教师,称俯瞰课程为正式教育课程。将研究生院综合文化研究室的前沿研究与教育系的教育有机结合起来,对学历的培养起到积极的作用。另一种培养学生学习抱负的方法是让学生接触自然和社会。东京大学利用农业系实验林地和科学系海洋实验室等设施,开设全校体验讲座等课程,希望给新生提供接触实验林地的机会,培养他们在实际环境中观察自然的视角。

培养社交灵感和感受他人的能力。在教育中,要把提高学生的社会适应能力放在十分重要的位置。为了发展这种技能,东京大学为文科新生开设了一门必修课,叫作基础练习。这项基本活动是由一名教师带领的,目的是在教育领域指导20名学生,激发学生的社会兴趣。近年来,东京大学开展了一系列让学生参与学校事务的尝试,如校园导游和任命即将毕业的本科生为新生助教。此外,关于对学生的纪律处分措施,已采取措施将学生纳入陪审团成员。

英国的大学人文素质教育重视学生团队意识的培养,在英国广泛推广团队精神。团队合作指的是一个人与他人合作的能力或态度。英国学校历来十分重视对学生进行团队精神教育,在公共或集体活动中,个人必须服从团体。如果一个学生为了自己的表现而妥协,他将会被一致谴责为没有团队精神。英国的大学重视学生探究精神的培养。英国学生做事很开放,敢想敢做,不受规章制度约束。他们认为只要不禁止,就可以做,因此成功的机会相对较多。

美国拥有数量最多的世界级大学,这些大学在发展过程中,根植于现代美国文化,也融合了世界优秀文化,形成了独特的大学文化,尤其是人文精神。

培养学生尊重个性的精神。美国文化是一种同一性和多样性并存的文化,在此背景下,发展美国文化、尊重个性、崇尚个性成为其文化特征之一。在高校中,个性化的特点尤为突出,学生不随大流,努力做自己想做的事情。个性化的特点体现在学生的学习、活动、娱乐,甚至衣着、言行等方面。每个人都可以在自己喜欢或擅长的领域里发展,学校的任务就是为他们提供最好的学习环境①。

培养学生的团队精神。在现代社会中,分工越来越细,几乎没有一项工作是不需要与他人合作就能完成的。因此,团队精神是美国文化追求的目标之一,也是美国大学人文精神的重要组成部分。例如,课堂上的教学方法有很多,其中之一就是很多教授喜欢把学生组织成学习小组,布置任务、划分小组工作,每个人负责一部分工作,最后根据小组成员的整体情况给小组成员打分。

培养学生的志愿精神。美国文化的一个特点是,它不仅植根于欧洲悠久的文明之中,而且具有浓厚的宗教色彩,基督教文化是其不可分割的组成部分。许多大学把志愿工作的小时数作为录取的条件,许多学校将志愿精神与正规课程结合起来,使学生能够利用自己的专业知识来做志愿者。因此,学生一方面为社会服务,创造社会效益,另一方面又锻炼了自己,消化了所学知识,增强了自信心和责任感,提高了自己的能力。

培养学生的独立精神。美国文化历来十分重视独立精神的教育,并从学生很小的时候就开始了。在大学里,你不会看到抱怨或无所事事的年轻人。美国一流大学的学费很高,但许多大学生靠自己解决全部或部分学费,要么努力学习并获得奖学金来支付学费和生活费,要么在放学后或寒暑假打工挣钱供自己读书,要么向银行借钱,将来偿还自己的贷款。

美国著名社会学家和未来学家阿尔文·托夫勒认为,知识不仅是最高品质力量的源泉,也是力量和财富的最重要因素。换句话说,知识已经从金钱和肌肉的力量的附属物发展到这些力量的本质。世界各国都认识到文化力量在综合国力中的重要作用,文化力量可以放大经济力量、政治力量和军事力量。法国现代化理论家让·莫内认为,现代化首先要化人,然后再化物。美国、日本等国家在大力发展经济的同时,密切关注国民综合素质的提高和发展。

---

① 孙杰远.大学生人文素质教育教程[M].桂林:广西师范大学出版社,2016:101-103.

二、社会主义先进文化建设的必然

如果说科学文化是对生命的外在观察，那么人文文化就是对生命的内在观察，它补充和完善了外在观察的缺陷。人类文化从对生命的外在观察走向对生命的内在观察，二者并行不悖，这是正确处理人与自己、人与自然、人与社会关系的客观要求，这也是人类文化的必然发展。人类的文化越往后发展，这种内向观察就变得越加显著。立足于中国社会发展需要和当今时代的发展趋势，整体而言，中国当代先进文化的前进方向是全面满足人的需要、全面提高人的素质、全面发展人的能力。21世纪的中国文化必须是以社会主义为主旋律的多样性的文化。

文化进步与人的发展是基本一致的。中国当代先进文化发展的最终目标是改变人对自然、对商品、对金钱的依赖，向人的解放和全面发展转变，从以物质为中心到以人为中心，不断满足人民日益增长的物质需求和精神文化需求。为此，我们应倡导三种文化精神。第一，科学理性精神。即要求人们热爱、尊重、学习和运用科学，告别无知和迷信，学会用科学的思维去分析和解决问题。尊重客观规律，不迷信传统和权威，勇于创新，锐意进取。同时，这种科学理性精神也是对近代以来世界工业化进程中理性至上和工具理性的畸形发展的积极扬弃。第二，社会主义人文精神。即确立人在社会中的主体地位，以抵御封建思想残余对人类的侵害，促进社会主义市场经济的健康发展，消除人与技术的异化，超越工业文明的历史局限。它包括尊重人的价值和权利作为社会发展的最高价值，提倡尊重、关心、关爱他人，建立团结互助、互爱和谐的人际关系，关注人的现实幸福和全面发展。第三，社会主义民主法制精神。即在社会主义文化建设中，要注重增强公民的民主意识、权利意识、义务意识和法律意识，形成有利于社会主义民主法制建设的文化环境。

在当代中国，发展先进文化，就是要发展面向现代化、面向世界、面向未来的民族、科学、大众的社会主义文化，丰富人们的精神世界，增强人们的精神力量。必须坚持马克思列宁主义、毛泽东思想、邓小平理论、"三个代表"重要思想、科学发展观和习近平新时代中国特色社会主义思想在意识形态领域的指导地位。文化建设的根本任务是培养有理想、有道德、有文化、有纪律的社会主义公民,用科学的理论武装人、用正确的舆论引导人、用高尚的精神塑造人、用优秀的作品激励人,努力提高全民族的科学文化素质和思想道德素质。面对外来各种文化的冲击和挑战,我们必须坚持社会主义原则,批判地吸收一切优秀的外来文化成果,丰富和发展中国特色社会主义文化。

发展社会主义先进文化,不仅要繁荣整个民族的科学、教育和文化,而且要建立良好的社会风尚,提高社会文明水平和全体公民的思想道德水平。目前,世界上各种社会文化思潮相互激荡,西方国家加紧对我国进行西化、分化,通过各种渠道进行渗透、侵蚀,宣扬他们的价值观和道德意识。随着改革开放的深入,社会主义市场经济的发展,经济成分的多样化、经济利益的多样化、社会组织形式和就业方式的多样化,文化发展面临着前所未有的挑战。因此,我们必须教育学生坚决反对各种腐朽的文化,抵制过时的、消极的、颓废的、反动的、不健康的,甚至堕落的道德观念和价值观,鼓励、倡导和发展面向现代化、面向世界、面向未来的社会主义文化,这是建设中国特色社会主义文化的根本要求。民族精神是一个民族生存和发展的精神支柱,在五千多年的发展历程中,中华民族形成了以爱国主义为核心的团结、爱好和平、勤劳勇敢、自强不息的伟大民族精神。在长期实践中,党不断结合时代要求和社会发展要求,带领人民不断丰富民族精神。面对世界上各种思想文化的互动,我们必须把弘扬和培育民族精神作为文化建设的一项极其重要的任务来抓,使全体人民始终保持高度的精神境界。五千多年来,中华民族精神的继承和发展,为当代中国的时代精神奠定了基础。改革开放以来,我们形成了以改革创新为核心的时代精神,即解放思想、以人为本、包容和谐、责任奉献。它是民族共同意志和民族思想境界的集中体现,是中华民族精神的升华;它是马克思主义理论品质时代的诠释,引领了中国改革开放的进程,是中国近30年社会发展的极其重要的精神动力。作为一种反映社会发展一定阶段的时代需求,并被社会成员广泛认可的文化理念和价值追求,是时代发展特征的综合反映,具有鲜明的特征和丰富的内涵,影响着社会发展的方向和趋势。因此,我们要坚持弘扬以爱国主义为核心的民族精神和以改革创新为核心的时代精神。

校园文化是先进文化的重要源泉,始终走在社会文化的前列,承担着育人的重要责任,也承担着引领社会文化的重要任务。建设社会主义先进文化,客观上要求用先进文化武装高职学生的思想、陶冶他们的情操,全面培养他们的社会主义公民素质,引导他们增强民族自尊心、自信心和自豪感,热爱祖国,把社会主义祖国建设作为最大的光荣,把损害社会主义祖国的利益、尊严和荣誉作为最大的耻辱,培养社会主义事业的接班人。

三、高职院校教育改革和发展的需要

为引领高职教育改革和发展,国家教育主管部门对高职教育进行了准确的定位并提出了明确的人才培养要求。

《教育部关于全面提高高等职业教育教学质量的若干意见》(教高〔2006〕16号文)提出了加强素质教育、强化职业道德、增强学生的职业能力等提高教学质量的措施要求。2010年7月发布的《国家中长期教育改革和发展规划纲要(2010—2020年)》明确将"以人为本、全面实施素质教育"确定为教育改革发展的战略主题,核心是要解决好培养什么人、怎样培养人的重大问题。2012年,《国家教育事业发展第十二个五年规划》把高职教育定位于培养发展型、复合型和创新型的技术技能人才。

这些纲领性、引领性文件,其共同的特点是凸显了推行"全面素质教育"的重要性,并将其确立为发展目标,给高职院校的教育改革,以及人才培养目标和规格提出了要求,指引了方向。高职教育的人才培养目标转向发展型、复合型和创新型的技术技能人才,对人才培养规格有了全面和立体的要求,促使高职院校必然要克服自身内涵建设的欠缺和制约自身发展的外部环境政策因素,积极探索人才培养模式改革,不但授学生以"鱼",还要授学生以"渔"和生存发展的智慧。

高职教育经过了又快又好的发展阶段,已经实现院校数量、办学规模方面的快速扩张,但与普通高等院校和公办高职院校相比,硬件条件、师资力量、人才培养理念方面都有不小的差距。由于其特点决定了市场竞争、求生存的压力更大,导致了人才培养过于向"就业技能型"倾斜。在

具体的教育实践中,已构建了较为全面、科学的专业知识、思想道德、身体心理等方面的教育体系,而落实人文素质教育的力度有限、推行艰难。不可否认的事实是,人文素质教育方面的缺失,已严重制约了高职院校实施全面素质教育的进程,育人效果大打折扣。

2014年3月22日,教育部副部长鲁昕在中国发展高层论坛上表示,我国即将出台方案,实现两类人才、两种模式高考。第一种高考模式是技术技能人才的高考,考试内容为技能加文化知识;第二种高考模式即现在的高考,学术型人才的高考。此外,教育部将对全国600多所地方本科高校实行转型,向应用技术类、职业教育类转型。

高考模式的改革和本科高校的转型改革,对高职教育来说,既是机遇,又是挑战。这要求院校必然跟着信息技术的发展和产业转型升级趋势而走,适应社会和市场的需求而变,勇于求新、善于求变,改变单一的技能培养,培养技术技能型人才,提升人才规格,全面提高人才培养质量,增加社会吸引力。

当前高职教育注重内涵发展,各高职院校竞争的焦点是办学特色和人才培养质量。高等学校的主旋律是"育人",而非"制器",即我们学校培养出的人才,不是生产制造出的器物,不是人力,而是有思想、有感情、有个性、有精神世界的高级人才。脱离"育人"目标,就背离了我们的教育方针和人才培养目标,是失败的教育。在当前和今后生源数量萎缩和现行招生政策不利于高职院校发展的情况下,作为高等教育的一员,高职院校要适应教育领域改革、发展,继续求得生存,实现自身科学、健康、可持续发展,就必须着重"育人""以人为本",从传统的"学科本位""企业本位""能力本位"向"素质本位"转变,树立"素质本位"的高职教育发展观。在办学中,把人文素质教育切实地落实到人才培养全过程,强化和更新对素质教育的认识,以人文素质教育为抓手去促进人才培养体系创新,加强自身教育教学改革。

四、高职院校适应社会经济发展的需要

在改革和创新已成为发展的动力源泉,产业结构持续调整升级、发展方式不断转变、城镇化进程加快的背景下,社会发展对高职人才的需求也发生了一些变化。

第一，对知识和技能的要求更高。加剧社会对创业、创新、创优人才素质的渴求。知识经济社会中，生产工具、生产工艺、管理工作各个环节的技术含量更高，从而对高职人才的技术技能要求更高。新技术、新工艺不断涌现，对高端技能型专门人才需求不断增加。生产过程的各个环节在技术含量增加的同时，生产工序划分和岗位分工越来越细，从而带来了大量的新工作岗位。

第二，对职业素养的要求更高。富有团队精神，团结协作；较好的口头和书面表达能力，能够顺畅沟通；较好的协调能力，能够化解一些矛盾；一定的心理承受能力，能够解决一些难题；正确的职业价值观取向，踏实工作，具备责任感，敢于担当。

第三，对优秀高职人才的可持续发展能力提出了更高的要求。有一定的钻研精神，能够独立发现并解决具体工作问题；有较强的可塑性，具备足够的学习能力，能够实现自身水平持续提升；有较好的个人魅力，具备一定的感染力；有较强的组织能力，能够带领一支团队。

这些社会需求对高职院校的人才培养工作提出了更高的要求。高职教育院校与其他高等教育院校一样，承担着人才培养、科学研究、社会服务、文化传承等基本任务。面对高等教育更加普及、教育水平不断提高和生源日趋萎缩、竞争越发激烈的客观条件，以及接受高职教育者受经济发展和社会就业岗位变化对教育需求的提高，对高职的办学水平和人才培养质量也有了较高的期待。能否在人文素质教育改革方面取得突破，从而培养具备全面素质的人才，决定了其综合办学水平和竞争力，并最终影响其在经济社会发展中发挥的作用和社会影响力。换言之，重视人文素质教育的办学理念和教育实践，能有效提升受教育者的基础素质，以及师资队伍的能力和水平，并最终提升高职院校的办学水平，提供适应各行业发展需求的人才，实现服务经济社会发展的目标。

五、我国高职院校人才培养的需要

1995年3月20日，哈佛大学中国哲学史教授、哈佛大学燕京学社社长杜维明在新加坡新闻中心礼堂举行了首届吴德耀文化纪念讲座。科学主义和工具理性对中国文化的影响由来已久,这一理念对教育产生了巨大的影响,突出了教育是为社会服务的。它不仅是工具理性,也是社会工程,将人塑造成服务社会的工具是现实的。对于文化的继承,对于人格的充分体现和完成,对于批判精神的发展,基本上不重视。强调工具理性,充分发挥个体在服务社会,尤其是科技层面的作用,而不是培养个体的整体人格发展。这种状况在我国高等职业教育中尤为突出。1998年,教育部在《面向21世纪教育振兴行动计划》中提出要积极稳步发展高等教育,特别是要积极发展高职教育。目前,我国高等职业教育人才培养模式的基本特征是:①基本任务是培养适应生产、建设、管理和服务需要的高等技术应用型人才;②以适应社会需要为目标,以培养技术应用能力为主线的设计专业学生的知识、能力、素质结构和培养方案;③毕业生应具有相应的基础理论、技术应用能力,具有知识面广、素质高等特点;④构建以应用为主题和特色的课程与教学内容体系实践教学的主要目的是培养学生的技术应用能力,在教学计划中占有较大的比重;⑤"双师型"教师队伍建设是提高高职教育质量的关键,培养"双师型"人才的根本途径是学校与社会用人单位、师生与劳动、理论与实践的结合。从这五个方面的基本特征可以看出,我国高职教育是为适应市场经济快速发展,对高新技术企业员工(知识型员工)的迫切需求而提出的,具有明显的紧迫性和社会功利性,过分强调应用知识和能力的培养。特别是在教学过程中,把知识人为地划分为技能模块(如项目教学法),缺乏人文精神的培养,忽视了学生综合素质的提高。高职院校培养的是适应招生岗位工作需要的高等技术应用型专门人才,围绕这一培养目标,高职教育突出技能型、应用型、实践型、专业型教育,为了提高教育质量,学校单方面增加实习时间、减少基础文化课,这严重制约了学生人文素质的培养。

高职院校学生的人文精神状况不容乐观,主要有以下表现。

(1)社会责任感弱化,公德意识淡漠

拜金主义、利己主义等错误的价值观念对高职学生思想道德形成造成了严重的影响。一些高职学生社会责任意识淡漠,以自我为中心,看重物质利益和个人发展,缺少奉献精神;一些高职学生认为到职业院校就是学习专业知识,掌握专业技能,有利于直接就业,没必要学习人文方面的知识,功利色彩严重;一些高职学生只为自己着想,对他人缺乏爱心,缺乏正义感。另外,部分高职学生公德意识不强,诚信方面,存在考试作弊、作业抄袭严重等问题。

(2)文化功底较差,人文知识匮乏

相对于本科院校的学生,高职学生的文化功底普遍较差,有相当一部分高职学生在文学艺术修养、语言文字表达、文字书写等方面表现较为欠缺。工作时语言生硬,态度急躁不能与他人进行良好的沟通。

(3)缺乏人生追求,人文精神缺失

一些高职学生精神空虚,心胸狭窄,情感脆弱,人生理想信念淡漠,他们认识不到人文知识的潜在功效,导致高职学生不思进取,对人生缺乏追求,心理较脆弱,对未来的生活信心不足。

(4)思维方式单一,缺乏创新力

很多高职学生知识结构不合理,知识面较窄,适应能力较差。由于缺乏想象力、直觉等形象思维的训练,在思维方式上比较片面,考虑问题总是非此即彼,缺乏辩证思维。由于人文知识的缺乏和思维方式的局限,许多人往往形成模式化、程式化的思维定式,这在很大程度上限制了他们的创新能力。

加强人文素质教育,有利于高职学生人文精神的培养。人文精神是人类为了自身的生存、发展和自由,而不断追求自身解放的一种自觉的文化精神,以真善美的价值理想为核心。培养大学生人文精神的关键环节,是通过加强大学生人文素质教育,将人类优秀的文化成果内化为青年学生相对稳定的内在素质。

加强人文素质教育,有利于培养学生健全的人格。所谓完美的教育,是指健全人格的塑造,即和谐人格的形成。针对当今世界重科技、轻人文的趋势,加强人文素质教育,在很大程度上克服了教育过度专业化所造成的科学与人文的分裂,改变了知识型人才的单向倾向,使21世纪高校培养的学生既具有科学素质,又具有人文精神,既具有专业知识,又具有健全的人格。培养健全的人格,就是培养学生的独立人格和高尚的道德品质。

加强人文素质教育,有利于学生树立科学的世界观、价值观和人生观。大学阶段是形成正确世界观、价值观和人生观的关键时期。辩证唯物主义和历史唯物主义为人们提供了科学的世界观。通过对马克思主义哲学的研究,可以帮助高职学生建立解放思想、实事求是、与时俱进的思维方法,为高职学生人文素质教育的研究服务。马克思主义哲学以科学的世界观和方法论揭示了包括社会史在内的一切现象的本质,为实际工作中提供了科学的指导和思想保证。

生活在社会中,首先要学会做人,懂得做人的意义、目的和价值。《礼记·大学》中说:"大学之道,在明明德,在亲民,在止于至善。"没有正确的世界观和人生观,就无法理解人生的意义、目的和价值,也就无法培养高尚的道德修养和崇高的精神境界。只有树立马克思主义的世界观和人生观,才能树立正确的价值观。世界观和人生观决定了价值观,以及人们对事物和自身活动的意义及价值的评价。树立正确的价值观,正确处理个人价值观与社会价值观的关系,使价值观符合社会发展趋势和规律,从而提高人们对社会现象的认识和评价能力,使人们不断提高道德水平和精神境界。

第二节　高职教育高素质应用人才培养的需求

加强高职院校学生人文素质教育是全面贯彻党的教育方针,实现高职院校人才培养目标的需要。虽然培养高级技能型人才是高职院校的特色和使命,但也绝不能忽视学生人文素质的培养提高,否则会导致高职学生只是服务于某些目的的专业工人,并没有受到真正的教育。

一、高职教育高素质应用型人才成长发展的需要

人文素质教育是现代职业教育的内涵之一,旨在促进学生实现全面、

协调、可持续发展。《中共中央、国务院关于深化教育改革全面推进素质教育的决定》要求职业教育要使学生具备适应职业变化的能力。所谓的适应职业变化的能力,即学生走向工作岗位后的可持续发展能力,是一种超出某一具体职业技能和知识范畴的关键能力。它的培养既要有专业知识的支撑,也要有人文素质的滋润。2010 年 7 月,国务院颁布的《国家中长期教育改革和发展规划纲要(2010—2020 年)》第一次明确提出重视可持续发展教育。可持续发展教育,本质上就是根据可持续发展需要而推行的教育,其目标是帮助受教育者形成可持续发展需要的价值观念、科学知识、学习能力与生活方式。

第一,人文素质教育是对学生现有素质进行改造、重塑和创新的过程,能增强自信心,提高他们分析问题、解决问题的能力,促进专业学习和智育发展。这与专业知识、技能教育是相辅相成的,共同肩负着培养学生全面发展的教育职能。

在不可逃避的传统教育背景下,从小学到中学无法彻底改变传统教育模式,全面素质教育基本成为一种理想,人文素质教育严重匮乏。大部分学生理论基础薄弱,自主学习能力、探究能力不强,无论学习专业课程还是公共基础课程难度都较大,自信心不足。对大多数学生而言,高职成为最后一个学校教育阶段。要改变高职院校学生的一些基础性的不足,必然要求高职办学要尊重学生的入学选择,满足其接受高等教育成长成才的需求,重视人文素质教育,教会他们学会做人、学会做事、学会学习、学会创造,理解人生意义,成为有技能和本领、道德优良、人格完整的、有社会责任感的、完整的职业人,形成健康的职业情操,使之进入职场后的生活更幸福和有尊严,具备可持续发展的能力和素质。

第二,人文素质是文化素质的核心,而文化素质是大学生综合素质的基础,故人文素质教育对学生综合素质的提高、全面地发展成长具有重要意义。走向工作岗位所需的知识、能力、道德、品行、态度、意志,以及工作中不断创新的源泉和技术的人本关怀等均离不开人文教育。具备了基本或比较深厚的人文素质,就是一个高素质的人,在就业求职时就具备了很大的优势,是真正的工作所需要的人。

从大学生就业前景来看,在科学技术快速发展、产业结构转型的社会背景下,职业结构也在不断发生变化,传统的职业岗位和就业机会总体趋于减少,新的职业和工作岗位不断产生,人们终生只从事一种职业的情况会逐渐减少。对用人单位而言,也逐步脱离了以往对单一技能的需求,越来越重视员工的适应能力和发展潜力。即便是传统的工作岗位,对就业者的技术能力和知识能力等综合素质也提出了更高的要求,需要大批技术型和复合型人才,单一的知识和技能结构已无法完全满足社会和经济发展的要求。就业市场发生的这些变化,给高职毕业生带来了一定的就业压力。对学生而言,要获得初次就业成功并实现可持续发展,这就要求不仅要掌握扎实的基础知识和一定的工作技能,而且要注重人文素质的培养和提高。

二、实现高职教育高素质应用型人才培养目标的需要

在高职教育中,专业教育对学生进行专业知识和技能培养,指向一个人的职业、就业技能和本领,是教育的直接目标。人文素质教育是一种完善思维、拓展人格的思想意识教育,指向人的情感意志、价值观念、道德品质、态度立场等,是教育的传统重要目标。人文素质教育和专业教育不是孤立存在的,而是互相融合[①]。

第一,人文素质教育是专业教育的基础。具备人文知识是专业学习的文化基础,内化人文精神,树立服务国家、社会和人民的理想是学习的内在动力,理解人文思想、掌握人文方法是知识、技能不断创新的源泉。专业知识本身蕴含着丰厚的人文知识、人文方法和人文精神。任何专业的文化和知识都产生并存在于一定的人文文化背景中,知识的本身、知识的应用都蕴含着人文精神要素。专业知识要发挥作用,必须挖掘出其内含的人文精神。所以,人文素质教育是专业教育的基础。

第二,人文精神丰富了知识和技能的内涵,体现人文关怀。"人文精神"即包容于人文知识中的人生哲理、人生感受和体验,它反映了人们对自然、对世界、对人类社会命运、对自身生命价值的认识、关注和价值判断,是人生的情感态度、价值判断、价值取向的集中体现,集中反映为人

①周忠新,禹明华.职业人文素质教育[M].北京:中国财政经济出版社,2014:42-45.

的世界观、价值观和人生观,是人文知识的内核和本质所在,是人文知识的理性升华与结晶。生活中的事实告诉我们,技术的发明、技能的掌握和应用必须以人为本,体现人文关怀,这需要一个人知识、思想、意志、道德品行等人文素质的支撑。这说明了技术和人文素质是相辅相成的,人文素质的养成对技能的掌握有很好的促进作用。

第三,人文素质的提升能够促进专业教育。人文的方法和思维运用到专业教育中,可以启发学生发现知识的美和力量,激发知识学习、钻研技术的热情和对使用技能的行业的兴趣与关注,启发学生的职业理想,培养他们成为脚踏实地、乐于奉献、工作有责任心的职业人,更深层次上引发学生的人文情怀,形成人文精神。

第四,专业技能渗透、体现着人文价值取向和人文关怀。高职院校的专业教育,职业指向比较明确,是最能直接体验未来职业生活的有效途径,比其他课程更直接、更具体、更生动地体现人文素质。在知识经济社会,知识对社会发展的作用越来越直接和广泛,高职教育培养的是面向就业和职业一线岗位的技术技能型人才。在教学过程中,体现知识、技能运用对社会的责任感、对生存环境的关爱、人与人之间的和谐共处,专业教育责无旁贷。通过专业教育,鼓励学生独立思考,培养学生的科学精神和创新意识,同时以敬业诚信、团结协作、社会责任感等人文素质的养成为基础,构建自身的知识体系,具备可持续发展能力,对学生人文素质的培养起到潜移默化的作用。

由此可见,人文素质教育和专业教育构成了学生全面发展的两个系统,这两个途径虽然功能、侧重点不一样,但在人才培养过程中两种教育交叉融合、相互渗透,形成相辅相成、相互促进的关系。要实现高职教育培养发展型、复合型、创新型的技术技能人才的目标,使学生成为合格"职业人",人文素质教育不可或缺。

三、促进高职教育高素质人才思想政治教育的需要

思想政治教育是党的生命线,也是高职院校改革和发展建设的保障。我国高校一直以来都很重视学生的思想政治教育工作,高职院校也一直把思想政治理论课作为学生思想教育的主渠道,作为公共必修课教学,

是加强大学生思想政治教育的充分体现。

　　大学生思想政治教育的四项主要任务:第一,要以理想信念教育为核心,深入进行正确的世界观、人生观、价值观教育;第二,要以爱国主义教育为重点,深入进行民族精神教育;第三,要以基本道德规范为基础,深入进行公民道德教育;第四,要以学生全面发展为目标,深入进行基本素质教育。思想政治教育的主要目标是提升学生的政治素质和道德素质,使其成为政治素质合格、德行高尚的社会主义合格建设者。

　　在实践教学中,一些学校的思想政治教育课内容比较枯燥,与生活实际结合不紧密,对学习、生活的指导性和可参考性不高。有的教师一味呈现书本内容,理论较多,授课方式不够生动,难以调动学习的积极性,而辅导员几乎不会对他们进行专门的思想理念教育。有教师表示,思想政治课承担的"育人"任务较为重要,但学生认为课程呆板,是高中政治课的重复学习,对课程不感兴趣。要解决教与学的矛盾,实现良好的教育效果,必须进行思想政治教育改革。

　　人文素质教育,就是以提高人文素质作为主要目的和重要内容的教育。从目标上看,它与思想政治教育都是关于如何做人的教育,都以学生全面发展为目标,共同倡导理想信念教育、道德品质教育,进而树立正确的世界观、人生观和价值观教育,具有一致性、相辅相成。从内容上看,人文知识涵盖面较广,包括文学、艺术、历史、哲学、政治、法律、宗教等知识,这些都是思想政治教育课程必然会涉及的内容,而又对其内容有所扩展,二者内容交叉结合,又相互渗透补充。人文素质教育和思想政治教育在目标上的高度统一和内容上的相通互补,使它们的结合成为可能,为思想政治教育的改革打通了道路。

　　人文素质教育的教育导向,可以促使思想政治教师在教学过程中,做到思想政治教育和人文教育的结合,挖掘出课程中蕴含的丰富的人文知识,在理论讲解中渗入人文思维与人文精神的教育,培养学生的人文素质;可以促使教师改革思想政治教育课程的教学模式、教学方法,以及考核模式,满足学生多方面的兴趣和要求;可以促使辅导员尊重学生、相信学生、关心学生,加强思想政治教育的针对性和教育手段的多样性,使学生得到自由和全面发展。

把人文素质教育作为思想政治教育工作的切入点和重要内容,渗透到思想政治教育的全过程,既可以拓宽思想政治教育的视野和内涵、开辟实施思想政治教育的有效新途径,又可以满足学生人文关怀和全面发展的需要,实现思想政治教育的主要任务,将大学生培养成为社会主义事业的合格建设者和可靠接班人。

四、加强高职院校人文素质教育是高素质应用型人才职业核心能力培养的需要

高职教育培养的是适应生产建设、管理服务一线的德、智、体、美等方面全面发展的高素质应用型人才。高职学生职业核心能力的养成至关重要,这是新形势下,我国社会对高素质劳动者提出的新要求。

(一)职业核心能力

职业核心能力是人们职业发展过程中的基本能力,它区别于从事各种工作的专业能力,是一种可持续发展能力。我国于1998年发布的《国家技能振兴战略》研究报告中,把职业核心能力总结为交流能力、信息处理能力、合作能力、解决问题能力、自我学习能力、创新革新能力等。从职业核心能力的内涵及特点来看,又可分为社会能力和方法能力。社会能力是个人在职业活动中的基本生存能力,是与他人协同、合作的能力,它是个人在现代社会必须具备的基本素质。方法能力主要指个人的学习能力和信息处理能力,它是个人的基本发展能力,是个人获取新知识、新技能、新方法的重要手段。

高职院校对学生的发展定位和培养目标,决定着其必须加强学生职业核心能力的培养。同时,还必须将学生人文素质的培养与职业核心能力的提高融合并举,实现高职院校"两条腿走路",最终达到学生全面素质的提高。

(二)学生职业核心能力的培养是当前社会的发展要求

现代社会的快速发展,使得人们终生从事一种职业的可能性越来越小,仅凭个人能力单独完成某项工作的机会也越来越少。同时,伴随着

科技进步和社会分工的日益细化,人们之间的相互关系也更为紧密,这使得职业核心能力的作用愈加凸显起来。社会、企业在关注学生专业技术能力之外,更多人开始将目光投入到员工与客户的沟通和协调能力上,以及基本的应用写作能力、日常的口头表达能力和继续学习的能力。而学生人文素质的教育恰恰涵盖了以上这些职业核心能力学习和培养。

职业核心能力发展的好坏影响着高职学生适应社会岗位变化的能力,影响其就业竞争力。随着我国社会科学技术的不断发展,许多企业都注重录用职业核心能力发展好的劳动者。在特殊岗位技能人员短缺的情况下,职业核心能力强的劳动者能够相对容易地填补岗位的空缺,相反,如果职业核心能力较低,就很难较快适应岗位变化。所以,高职院校必须加强学生包括职业核心能力在内的人文素质的培养,必须从纯粹的技术教育向能力结构深层次的素质教育拓展,从而使我们培养的高职院校学生能对未来社会发展具有良好的适应性。

五、加强高职院校人文素质教育是高素质应用型人才全面发展的需要

教育的首要任务是将学生培养"成人",而学生"成人"的落脚点即是人文素质的培养。高职教育培养的是思想道德素质、专业技能素质、身心素质和文化素质全面发展的高素质应用型人才。人文素质教育在整个教育活动中具有基础性的地位,科学素质教育只有与人文素质教育相融合,才能培养出全面发展的人。

(一)教育的使命是促进人的全面发展

教育是促进人的全面发展的社会实践活动。美国教育家赫钦斯指出:"教育应是主体的人的教育,教育的目的唯在发挥人性,使人达到完善的境界。"育人是高等教育的本质特征。我们的社会需要一大批既有科学素质,又有人文素质的劳动者,高职教育在进行专业教育的同时,应该肩负起育人的责任。当前,我国高职院校正面临以全面提高学生人文素质为宗旨的深刻变革,变革的核心即是培养有技术、有文化、符合时代要求的、全面发展的高素质技能人才。因此,有加强高职院校学生实践

能力、创造能力、认知能力培养的需要。

(二)消除功利主义的影响,促进高职学生全面发展

近年来,高职院校的发展越来越带有明显的功利性和应急性,在教育理念、课程设置等方面紧紧围绕如何使学生快速掌握技术、快速上岗,以毕业生的高就业率为人才培养工作的指挥棒。"以就业为导向"是很多高职院校的响亮口号,这种根据市场对技术人才的即时需要标准进行专业培养的方式,导致学生发展的片面化,忽视了学生发展过程中人文素质的重要性。高职院校看重的是就业率,家长、学生更看重的是3年之后的饭碗问题,而教育应该培养"什么样的人"的问题被淡化了。这种功利化的教育思想认为,职业教育的目的就是将高职学生培养成社会生产各个部门或者流水线上的一个部件,使得高职学生的知识、能力过分专业化,忽视了教育的真正使命是促进学生的全面发展。

第三节　达成立德树人育人目标的要求

一、立德树人理念的渊源与内涵

立德树人是对中华民族优秀道德文化的传承与发展,是对诸多中国古典文明智慧的启迪与创新。立德树人这一概念,高度概括、言简意赅、内涵深刻,不仅是教育领域的创新,而且还是极具统领性的科学论述。

(一)立德树人的历史渊源

立德树人是由"立德"和"树人"组成,二者都来自中国传统文化。"立德"一词最早出现在《左传》记载中,所谓"太上有立德,其次有立功,其次有立言,虽久不废,此之谓不朽"中立德、立功、立言三者的内在逻辑,说明了立德对于立功和立言的决定作用,只有立好德,才能立好功、立好言。这三者为人生追求崇高价值奠定了基础。"立德"中的"德"并不是天生的,而是后天形成的,是要靠"立"逐渐形成的。把"立德"放在首位,强

调了立德的重要性,这与现代教育中立德树人所培养良好的道德品质是一脉相承的。"树人"一词最早在《管子·权修》中:"一年之计,莫如树谷。十年之计,莫如树木。终身之计,莫如树人。"这句话想表达的意思就是能够一年获得的是粮食,能够十年获得的是树木,能够一百年获得的是人才。这里的"树人"告诉我们,"人"不是天生的,而是靠后天"树"形成的。"树人"的根本宗旨就是"树"人才。

虽然古代所强调的立德、树人思想具有一定的功利性和局限性,但我们可以学习到其中的优良传统,也为新时代立德树人提供了深刻内涵。

(二)立德树人的当代内涵

"立德"就是指树立德行。党的十八大以来,习近平总书记十分重视立德的问题,多次强调党员干部及青年学生要立德、修德、践德。2014年,习近平总书记在北京大学师生座谈会上指出:"一个人只有明大德、守公德、严私德,其才方能用得其所。"为实现高尚的道德,我们需要具体做到明大德,即坚定政治信仰、理想信念、练就扎实本领,为实现中华民族的伟大复兴而努力奋斗;守公德,即培养我们公民的道德意识,自觉履行公民道德价值要求,提高公德素养;严私德,即严于律己,对己克制,不断锤炼意志品质,提升自身的内在涵养。高职院校在坚持立德树人时,把德育放在首位,对于高职院校完成育人的任务具有重要的作用。

立德树人具体不仅表现在高职院校教师对大学生德育的培养,还表现在大学生自身品德的养成。教师是实施立德树人的主体,要承担起教书育人的重责,把立德树人任务落实到教育教学活动中。立师德是高职院校立德树人的关键,师德修养包括以下几点:爱岗敬业、诲人不倦、爱护学生、以学生为本、品德端正、为人师表、积极进取、与时俱进等。这些良好的教师道德品质,不仅是高职院校教师的精神追求,还是青年大学生成长成才的精神向导。青年大学生不仅要学习科学文化知识和技能,而且要养成良好的道德行为和习惯。尤其是面对当今意识形态领域的"噪音""杂音",难免会给大学生的成长带来一定的困扰。大学生自身就应该端正立场、态度,自觉识别和抵制错误思想,不断激发和提高自身的道德修养,追求高尚的、独立的人格。

"树人"就是要塑造德才兼备的人。党的十八大报告曾指出："要坚持教育优先发展，全面贯彻党的教育方针，坚持教育为社会主义现代化建设服务、为人民服务，把立德树人作为教育的根本任务，努力培养德智体美全面发展的社会主义建设者和接班人。"在此，党和国家基于我国的国情与教育发展的现实需求，不仅提出了立德树人的科学内涵，而且还强调了"立什么德""树什么人"的精神实质。为了培养德智体美全面发展的人才，就需要培养有坚定理想抱负之人，即坚定马克思主义信仰、坚定对社会主义和共产主义的理想信念的人；培养有创新实践能力之人，即培养有熟练动手能力和创新意识的人；培养有良好行为习惯之人，即培养思想自觉、行动自觉的人。党的十九大报告指出："建设教育强国是中华民族伟大复兴的基础工程，必须把教育事业放在优先位置，深化教育改革，加快教育现代化，办好人民满意的教育。要全面贯彻党的教育方针，落实立德树人根本任务，发展素质教育，推进教育公平，培养德智体美全面发展的社会主义建设者和接班人。"高职院校作为培养人才的主阵地，就是要培养出社会主义合格建设者和可靠接班人，这个培养过程就是立德树人过程。高职院校在培养人才的过程中，对大学生进行思想品德、科学精神、实践能力，以及人文素养的培养，着力提高大学生的综合素质。

二、高职院校落实立德树人育人目标的理论依据和客观要求

科学的理论是在继承和发展中形成的，高职院校立德树人既根植于先进文化的深厚土壤，又体现了时代发展的进步精神。高职院校贯彻、落实党和国家的要求，形成了重视立德树人的优良传统，并赋予其理论意蕴和时代要求。

(一)高职院校落实立德树人育人目标的理论依据

马克思关于人的全面发展理论，几代中国共产党人关于高校立德树人的论述，习近平总书记关于高校立德树人的重要论述，这些都是经过实践检验得出的最科学的理论成果，正确地反映了人类发展的客观现

实,为落实立德树人育人目标提供理论指导。

1. 马克思关于人的全面发展理论

关于人的本质问题以及德育的变化发展,一直是人类思想界备受争议的问题,经过长期的探索与发现,马克思认为:"人的本质不是单个人所固有的抽象物,在其现实性上,它是一切社会关系的总和。"马克思主义科学地揭示了人的本质,认为人的本质在于社会性。这一理论为高职院校科学开展立德树人工作奠定了理论基础。高职院校立德树人的目标就是通过教师引导和教育学生,使得学生成为德才兼备的优秀人才。那么高职院校要科学地开展立德树人工作,必须先要认识大学生,了解大学生,把握大学生思想形成和发展的规律。研究和掌握人的本质理论有助于教师正确认识和把握大学生的思想形成与发展的规律。这是因为:第一,高职院校立德树人是在一定的社会关系中实现的。高职院校通过引导大学生参加社会实践活动,让大学生在社会关系中不断成长和发展。我们通过考察各种社会关系对大学生的影响,有助于认识和把握高职院校立德树人所形成的各种因素。第二,大学生的本质是变化发展的,这种变化发展必然导致大学生的思想和行为变化。研究人的本质变化发展理论,有助于我们科学、动态地认识大学生的成长规律和发展特点。总之,只有坚持以马克思主义人的本质学说为指导,才能科学地分析高职院校立德树人的本质,营造良好的育人环境,使大学生成长成才与我国社会进步的发展方向相一致。

马克思主义关于人的全面发展,是指个人劳动能力多方面的、充分的、和谐的、自由的发展。这里的"个人",不是指个别人,而是指全体社会成员。这一理论是高职院校落实立德树人根本任务的重要理论依据。人的全面发展理论要求高职院校要为社会培养全面发展的人。为达到此目的,高职院校必须施行全面发展教育。

高职院校立德树人就是促进学生的全面发展,这是高职教育的根本问题,也是教师的职责所在。同时,人的全面发展理论还要求在学生思想政治教育过程中,注重激发学生的身心潜能,充分发挥其自主能动性,引导和教育学生培养良好的道德品质,增强他们的创造意识,开发他们的创新能力。这是学生全面发展教育和提高民族素质的应有之义,也是增长学生的本质力量,推动社会进步之需。

2. 几代中国共产党领导人关于高校立德树人的论述

立德树人,一直是党中央几代领导人坚持的教育思想,毛泽东、邓小平、江泽民、胡锦涛都反复强调学校要培养又红又专、德才兼备的"四有"新人。

作为马克思主义中国化伟大开拓者,毛泽东一贯重视道德的问题,重视道德品德的修养。早在"五四"时期,青年毛泽东就认为:"思想主人之心,道德范人之行,"意思就是思想可以决定人的心态,道德可以规范人的行为。这一观点后来成为他思索道德问题的重要方法指导。中华人民共和国成立初期,毛泽东在《关于正确处理人民内部矛盾的问题》中指出:"我们的教育方针,应该使受教育者在德育、智育、体育几方面都得到发展,成为有社会主义觉悟的有文化的劳动者。"

毛泽东对教育方针的论述,首次把德育提到了首位,强调用德育统领着我国各级各类学校的教育工作,赋予德育社会主义觉悟的内涵,并把培养有社会主义觉悟、有文化的劳动者作为目标,因而明确了我国教育的性质和任务。这一方针的明确表述,奠定了我国教育事业的根基,指明了我国教育事业发展的方向,其作用不言而喻,其影响长远持久。

邓小平作为我国精神文明建设的奠基人,在继承和发展了毛泽东思想的基础上,科学地分析了中国的国情和时代变化特征,强调公民道德素质的高低事关重大,它"关系到我们的事业将由什么样的一代人来接班,关系到党和国家的前途命运"。他还指出:"一定要坚持发展物质文明和精神文明,坚持五讲四美三热爱,教育全国人民做到有理想、有道德、有文化、有纪律。"这一教育思想使我国的教育方针不断得到完善和发展,成为新时期我国教育改革和发展的行动指南。他所强调的培育"四有"新人是社会全面发展的根本保证,"四有"构成了培育社会主义公民的整体标准,只有始终按这一整体标准去培养人、教育人、提升人、塑造人,才能为现代化的顺利实施与正确发展提供充足的内在动力。为了加强道德教育,他反复强调要全面建设社会主义精神文明,做到入脑、入心、做表率、见行动。这一系列道德教育思想，不仅为我国道德建设开辟了新天地，而且也为高职院校"立德树人"提供了重要的指导。

江泽民继承了毛泽东、邓小平等领导人的道德建设思想理论，并在新的实践中得出了道德建设发展的宝贵经验。他指出："依法治国和以德治国相辅相成。要建立与社会主义市场经济相适应、与社会主义法律规范相协调、与中华民族传统美德相承接的社会主义思想道德体系。"这一思想，就是把社会主义市场经济与道德建设紧密结合起来，构成了具有时代感、现实感的德育体系，不仅推动我国的精神文明建设，而且也有利于我国经济的快速发展。他还十分重视青少年的思想道德教育，指出："青少年要加强以爱国主义、集体主义、社会主义为核心内容的思想道德教育，开展艰苦奋斗、勤俭建国的教育，职业道德、社会公德的教育，基本国情的教育和普及法律基本知识教育。"他希望广大青少年要有坚定的信仰，有远大的理想，有爱国主义、集体主义情怀，要成为知行合一、德才兼备、全面发展的人才。只有重视全民族道德素质的提升，让全体人民始终保持昂扬向上的精神状态，才能更有效地推动我国精神文明的进步。

胡锦涛对德育工作也非常重视，他提出了人力资源是第一资源的科学论断，做出了优先发展教育和办人民满意教育的重大部署。他认为加强思想道德建设，已成为人民的期盼、事业的要求、时代的呼唤。他始终强调要切实抓好青年大学生的道德教育，大学生的思想道德素质如何，直接关系到中国特色社会主义建设全局。在中共中央政治局举行的第三十四次集体学习中，胡锦涛指出："要坚持育人为本、德育为先，把立德树人作为教育的根本任务，努力培养德智体美全面发展的社会主义建设者和接班人。"这是胡锦涛对立德树人的全新论述，从更宽广的视野上确立了立德树人在党和国家事业全局的重要地位，积极探索新形势下大学生思想道德建设的特点和规律，加强和引导大学生把道德观念自觉转化为行动，形成凝聚强大精神力量、培养良好道德风尚、促进社会和谐稳定的强大精神支撑。"立德树人"这一教育理念为高职院校人才的培养提供思想指南，为高职院校发展提供了强大的道德支撑，也为大学生丰富的精神文化生活提供重要的源泉。

3.习近平总书记关于高校立德树人的重要论述

党的十八大以来,习近平总书记提出了新时期立德树人的新观点新要求。习近平立德树人思想在德育地位、内容及方法和前几代领导人是一脉相承的。习近平总书记在全国高校思想政治工作会议上强调:"要坚持把立德树人作为中心环节,把思想政治工作贯穿教育教学全过程,实现全程育人、全方位育人,努力开创我国高等教育事业发展新局面。"立德树人这一概念,是从口号到行动的全面落实,是高校对"培养什么样的人、如何培养人,以及为谁培养人"这一问题的深刻回答。教育的本质是培养全面发展的人。习近平总书记指出:"我国高等教育肩负着培养德智体美劳全面发展的社会主义事业建设者和接班人的重大任务。""高校立身之本在于立德树人。"这一教育任务既是思想逻辑发展的必然,也是思想逻辑发展的升华,充分揭示了德育教育在高等教育中的优先地位,育人是高等教育的本质所在。习近平总书记在全国教育大会中指出:"要落实立德树人就要教育与引导青年大学生在坚定理想信念、厚植爱国主义情怀、加强品德修养、增长知识见识、培养奋斗精神、增强综合素质等六方面上下功夫。"这些重大理论创新反映了我党对教育规律的高度尊重,是当今及未来教育任务的明确要求,是对社会主义现代化建设人才的强烈渴望,也是对高职教育理念的深化和发展。

以上几代党的领导人之德育思想,使我们认识到德育发展的质的飞跃,也是高职院校不断发展的真正坚守。由此可见,只有把立德树人作为高职院校的根本任务,高职院校才能真正回归育人之道。也只有如此,高职院校才能排除各种干扰,随时随地能够对忽视德育教育倾向进行纠正,确保高职院校沿着正确的发展方向前进。

(二)高职院校落实立德树人育人目标的客观要求

任何事物都有自己的发展规律。高职院校坚持立德树人工作,也有其自身发展的规律。高职院校坚持把思想政治教育工作作为重要环节来抓,遵循思想政治工作的规律、遵循教书育人的规律、遵循学生成长的规律,不断提高工作能力和水平。

1. 是思想政治工作规律的客观要求

思想政治工作是学校各项工作的生命线。立德树人是高职院校思想政治工作的核心与灵魂,离开了立德树人这个目标任务,思想政治工作就偏离了方向。思想政治教育这一工作,说到底就是做"人"的工作。同样,高职院校立德树人的逻辑起点是人,终极目的也是人。高职院校要科学发展,就必须坚持以人为本,要看到人、走近人、发展人。高职院校面对的对象是大学生特殊群体,回答和解决的问题是大学生的思想政治、道德修养、人格品质、行为关怀等发展需求。高职院校思想政治工作在于,面对大学生全面发展的特殊需求性、可接受性和适应性,而有效地进行教育和引导。加强高职院校思想政治工作就要不断强化思想引领,培育大学生正确的思想政治观点,站稳政治立场,坚定正确的政治方向与价值取向,做政治上的清醒人与明白人。同时,还要关注大学生思想道德的内在需求,使外在的思想道德要求不断内化为大学生本身的思想道德需要。只有这样才能促使大学生的精神需求和精神生活质量不断提升,以及思想道德素质和科学文化素质的不断提高。高职院校始终坚持立德树人,就是让思想政治工作真正落到实处,培养和造就千千万万具有高尚思想品质和良好道德修养的优秀人才,使立德树人的价值初衷真正内化于大学生心里,实现立德树人的真实效果。

2. 是教书育人规律的客观要求

教书育人是高校教育教学工作中的重要任务,也是高职院校立德树人能落实、有成效的客观要求。教书的最终目的是为了育人,育人是通过教书来实现,应该寓育人于教书之中,实现教书与育人的内在统一。习近平总书记把高校教师教书育人的职责和使命提到遵循规律的高度,这是教育理论上的创新,对高职院校的发展具有重要的指导作用。高职院校立德树人的具体开展,离不开高职教育教学工作的实施。教书育人的实质是对人的灵魂塑造。所以,高职院校立德树人要承担着培养大学生正确三观的重任,承担着对大学生进行社会主义核心价值观的知、情、意、行的培养任务,把这些任务落实到教育教学活动之中,认真搞好教育教学,努力开展教育教学改革,提升教书育人实效。这里的关键在于高职院校的广大教师,要真正做到为人师表,切实成为大学生的表率,要静心教书、潜心育人,要用自己远大的理想去激发大学生的理想,用自己高尚的情操去陶冶大学生的情操,用自己鞠躬尽瘁的工作态度激励大学生的献身精神。这种潜移默化的育人方式,贯穿于教育教学全过程,使得大学生在学习过程中,自觉加强道德修养,不断实现成人成才的目标与愿望。

3.是学生成长规律的客观要求

高职院校对大学生成长的高度关注,是由大学生这个群体的重要地位所决定的。高职院校坚持把立德树人作为中心环节,为大学生一生成长奠定科学的思想基础。新时代的大学生个性突出、敢于创新,为了立德树人能达到预期的效果,高校要立足大学生实际、贴近大学生生活、遵循大学生成长的规律,关心和爱护大学生、尊重大学生。并在教育教学及其他活动中,把大学生摆在接受教育的主动地位,尊重他们的主体地位、贴近他们的需求,从多方面、多角度研究,并确定他们实际需求的切入点,以增强他们接受教育的针对性和适应性。当今时代给大学生提供一个广阔的成才空间,在通往成人成才的道路上,必须坚持立德树人目标始终如一,高职院校要引导和帮助大学生树立正确的价值观、道德观及成才观,培养大学生高尚的精神、良好的情操,促进大学生立志成才。学校坚持以关爱学生为出发点,不仅时刻关注大学生的优缺点,而且还要重视各个阶段大学生的发展特点,因时因地制宜,想方设法调动他们自主参与思想政治教育的主动性,使他们既成为立德树人的教育对象,又成为立德树人的有效合力。

三、高职院校落实立德树人根本任务的重要意义

高职院校落实立德树人根本任务,是教育的精髓所在,是思想政治教育的集中体现,也是高职院校培养人才的迫切要求。因此,对于深刻理解高职院校立德树人的重要性及提高其实效性都有重大的意义。

(一)是思想政治教育目标的全新定位

思想政治教育的根本目标是促进人的全面发展,高职院校立德树人

凸显的就是思想政治教育发展的战略目标,这一点是不可动摇的。明确思想政治教育目标对增强高职院校立德树人的科学性、实践性,具有举足轻重的作用。高职院校立德树人是基于历史方位,发挥时代感召力和引领力,以培育时代新人对思想政治觉悟与提高人的综合素质为落脚点。立德树人的目标,不仅是立社会主义的"德",而且还是树社会主义的"人",是对思想政治教育的具体化、详细化,二者的根本宗旨是一致的,是理想和现实的有机统一。思想政治教育之所以愈来愈富有生机和活力,就在于其能不断满足价值主体的发展需要。长期以来,我国对大学生的思想政治教育关注度极高,目的就在于传授既定的社会规范和价值观念,使大学生服膺于社会的价值系统,并不断提高大学生的综合素质,使得新时代大学生思想政治教育彰显其科学性、发展性及创新性,才能永葆生命力。高职院校思想政治教育反映了当今社会发展的精神实质,时刻紧扣时代主题,充分把握立德树人、铸魂育人的指导思想,实现大学生思想道德素质和全面发展需要的有效满足,让高职院校大学生在综合素质中成长成才、筑梦腾飞。

(二)是高职院校发展的立身之本

《礼记·大学》中提到:"大学之道,在明明德,在亲民,在止于至善。"充分体现了中国古代对立德树人精神和理念的探索追求。就大学的起源来看,其实质是人类文明智慧的发源地,其根本属性就是为了培养人。立德树人作为高职院校生存与发展的根本遵循,对未来高职院校的创新性发展具有导向作用,也是高职院校持续发展的硬性指标。高职院校的功能随着时代的发展变化而逐步拓展,但培养具有崇高道德水准和高素质的人才这一基本功能和中心任务始终没有变[①]。

(三)是高职院校培养人才的迫切需要

高职院校要抓好立德树人工作,就应该抓好人才培养这个"牛鼻子"。高职院校不仅是人才培养的大熔炉,也是立德树人的显示器。只有将育人和育才统一起来,通过教育来塑造人、发展人,将立德、树人的

[①]张会军.高职生人文素质教育[M].北京:首都师范大学出版社,2018:87-91.

终极关怀贯彻到教育全过程，才能避免片面的、畸形的人的异化。高职院校要把立德树人作为人才培养的根本任务，纳入人才培养的全过程，通过开展教育教学发展工作，突破封闭的人才培养模式的束缚，实现人才培养模式的开放性，运用一切社会资源，把教育教学和社会服务与地方经济社会发展需要对接起来，积极引导大学生学习和解决成长过程中出现的新问题和新情况，切实做到把人才培养融入大学生学习的各个环节，帮助大学生树立科学的成才目标，发掘成才的潜力和形成成才所必需的文化素质，让大学生在各种优质的教育服务中立德践德，做到正能量、接地气，使大学生受益，真正成为有大德的人才。

四、立德树人与人文素质教育的关系界定

立德树人已然成为学校素质教育的理念导向。当前，在这个根本任务导向下，人文素养教育已成为学校教育质量的重要衡量指标之一。立德树人就是要以德为体温计，衡量学校工作是否科学合理，学生成长是否全面健康。人文素质教育，则是在整体上帮助高职院校学生树立正确的人生观和价值观，不断实现综合素质能力的大提升。同时，在知识素养基础上，对大学生人格素养进行审视并对应施策，以培育大学生高尚的情操和健全的人格。可以看到，立德树人与人文素质教育在育人本属价值上是一致的，都是培育输出优秀的人才。才能为基、思想为导，人文素质教育应为完成立德树人根本任务的主体路径之一。

五、立德树人导向下高职院校加强人文素质教育的时代意义

（一）能够有效引导大学生践行社会主义核心价值观

党的十八大以来，培育和践行社会主义核心价值观受到党中央的高度重视。习近平总书记指出："办好中国特色社会主义大学，要坚持立德树人，把培育和践行社会主义核心价值观融入教书育人全过程。"立德树人，要求高职院校把社会主义核心价值体系融入人才培养全过程，推动社会主义核心价值观进教材、进课堂、进学生头脑。在立德树人根本任务的视域下，高职院校加强人文素质教育，必须坚持育人为本、德育为

先,必然把社会主义核心价值观作为人文素质教育的核心内容,引导大学生增强对社会主义核心价值观的认同感,使社会主义核心价值观成为青年学生的基本遵循,使其内化于心、外化于行,促使大学生成为对国家、对社会、对人民有用的人才。

(二)能够有效培养大学生综合素质

高职院校人文素质教育涵盖人文精神、人文科学和人文教育,不仅包括对大学生进行文史哲艺术的人文社会科学教育,也包括对大学生进行人生价值、伦理道德、审美情趣、人格气质的教育,还包括社会交往能力、服务社会能力的教育。人文素质教育的目的是教人"如何做人",人文素质教育培养最基本的人,雕塑、激活、培育人的自信、品格和意志力,培养人树立团队精神和职业道德,提高人的沟通协作能力、亲和力等。忽视人文素质教育,就容易使人才培养陷入实用主义和功利主义,培养出"工具人"而非"社会人",甚至导致人才的畸形发展。因此,在立德树人根本任务的视域下,加强人文素质教育,能够有效培养大学生的综合素质,促进大学生全面、健康发展。

(三)能够有效促进文化的传承与创新

高职院校是人才培养的摇篮,大学丰富的人文资源是开展人文素质教育的宝贵财富。高职院校开展的人文素质教育,以社会主义核心价值观为引领,积极开展各种文化活动,有利于传播优秀传统文化和社会主义先进文化,有利于塑造师生的共同价值追求和精神支撑。高职院校开展人文素质教育,有利于营造独具特色的人文校园氛围,培育浓郁的学术文化氛围。因此,在立德树人根本任务的视域下,加强人文素质教育,能够有效促进文化的传承与创新。

六、立德树人视域下高职院校人文素质教育的育人目标要求

(一)进一步牢固社会主义核心价值观的践行信念

习近平总书记提出,社会主义大学之特色就在于围绕社会主义核心

价值观,将立德树人贯穿于教书育人全过程。培育高职院校人文素质教育品牌,立德树人是精准导向,社会主义核心价值观是内容核心,更是特色保证。可以说,这种品牌打造,其根本就是为了让立德树人成为高职教育的特色标识。同时,打造人文素质教育品牌,将巩固社会主义核心价值观在学生群体意识中的核心地位,不断牢固大学生践行这一价值观的信念地位,增强学生理念认同、思想认同与行为认同,进而帮助大学生内化于心、外化于行,保持本色,不断进步。

(二)进一步培植符合社会人才需求的人文素养

从内容上看,高职院校人文素质教育涉及人文精神、人文科学和人文教育等方面。其不仅覆盖文史哲艺术等领域教育,而且还聚焦学生人生价值、伦理道德、审美情趣、人格气质等层面的培养,更在团队精神、协作能力上做深度培育。可以说,打造人文素质教育品牌,归根结底是为了帮助更多受教育者找到做人路径与方法,解答"如何做人""怎样做人"的问题。如果人文素质教育得不到重视,学生将会再次沦为实用主义和功利主义的俘虏,学生变成了社会发展的"工具"而非"人才"。如是看,高职院校人文素质教育品牌的打造,很大程度需要将培育原则与要求准确对接社会岗位需求,进而培养全面合格的高素质人才。

(三)进一步积淀契合人文素质教育品牌的文化财富

在高职院校,人才的培育是其教育价值闪光的关键。在高职院校内部实施人文素质教育,是其人文资源得以积淀发扬的良好机遇。我们都知道,高职院校人文素质教育是围绕社会主义核心价值观而开展的文化传承活动,其极易借助优秀传统文化之力来增强其品牌打造的影响力,能够更为快速地实现优秀文化的移植传导提供平台,形成传统文化与先进文化的合力,共同构筑高职院校师生健康的精神文化家园。此外,高职院校打造人文素质教育品牌,可为学术文化研究营造良好的外围氛围,积淀更丰厚的文化财富。

第三章 高职院校人文素质教育问题研判

第一节 历史发展的多维度诉求

纵观中华民族五千多年的渊源文明史,我们可以看到在这文明史中有着深厚的人文传统,更有着人文教育的优良传统。正如武汉大学教授冯天瑜在《人文论衡》中所说:"中国人文传统渊深浩博,它展开宇宙论、政治论、人生论、道德论、历史论等诸多领域,中华民族的思维特色,如经验理性、侧重伦常、民本思想、富于历史感,和而不同,等等,都与其相关。"作为中国第一所近代大学——京师大学堂诞生起,大学作为人文教育的重要基地,在人文素质教育中发挥着举足轻重的作用。

教育的任务是传道、授业和解惑,即传授人类已有的累积知识,还要传播新的知识。所以,一个大学可以说是人类知识和智慧的宝藏。曾任职于北大校长的蔡元培,就大力推行改革,实行百家争鸣,并提出军事教育、科技教育、德育、世界观教育、美育五育并举的方针。蔡先生作为学贯中西的思想家和教育家,希望通过对公民倡导平等、自由博爱的资产阶级道德观教育,对当时封建落后的中国来讲,无疑是重大的时代进步,同时也把近代的道德观和价值观引入到中国人文教育思想之中。近代有许多著名的教育家、实践家,以大学作为人文教育的阵地,将当时西方先进的资产阶级人文思想引入中国,试图改善中国的国民素质。

中华人民共和国成立后,高校的人文素质教育大体分为三个阶段:第一,专才教育阶段,这一阶段的教育理念的总体特点是教育以专业知识和技术教育为目标。在中华人民共和国成立之初,教育思想和教育理念等都深受苏联模式的影响,这种模式特别强调专科专才,把高等院校人为地划分为文、理、工、商、农等专科院校,只强调人才培养的片面性、专业性和技术性,忽视了人的全面教育和人文素质的培养。改革开放以后,人们的思想观念发生了深刻变革,对教育体制、教育理念和教育方式都进行了深刻的反思,关注大学生人文素质的高校教育得以初步试行,新的教育体制、教育理念和教育方式开始形成。但是,这一转变仍没能改变我国专才专教的教育局面,文、理、工、商、农专校专教的状况并未得到转变,片面的人才观和短视功利教育严重制约和限制了大学生人文素质的培养和全面发展。第二,人文素质教育的启蒙阶段,这一阶段的教育理念大多停留于口号,其形式意义大于实际行动,大多流于表面。在这一阶段中,有很多先进的教育家和思想家提出并强调"文化素质教育""人文素质教育"等有关发展人文素质教育的言论。发展人文素质教育也在教育界引起共鸣,人文素质教育也越来越受到社会的重视和关注,并引发了教育界关于高校人文素质教育大讨论的热潮。许多著名高校响应教育理论界的号召,也对当下高校的教育制度、教育理念和教育方式进行了反思,并进行了一些改变教育思维,推行课程改革的尝试,取得了初步成效。第三,人文素质教育理念的深化阶段,此阶段的高校人文素质教育理念已经达到了较高的社会认识程度,但就整个社会而言,尚未达到百分百的普遍共识,接受人群有待于进一步扩大。21世纪初,我国在政治、经济、文化、社会方面,全面深入和谐的发展理念,高校领域的人文素质教育理念也开始不断获得深化和发展。

由此可以看出,在我国人文素质教育发展的历史过程中,对于人文素质教育就存在着多维度的诉求。我国人文素质教育在发展的过程中,受一些外在因素的影响,人文素质教育系统还不够完善,存在一些不足。针对当下大学生人文素质意识淡薄,知识体系比较单一,容易受外界的影响和诱惑,进而形成一些不良思想和行为的现状,高校理论界针对人文素质教育引起了足够的重视,普遍形成以塑造完美健全的人格,注重人的全面教育发展,着重培养学生人文素质精神的理念纳入教育范畴,以期达到纠正学生的失范行为和道德滑坡现状,使学生确定人生价值和正确的人生追求的多维度诉求。许多高校实施了人文素养和科学精神相结合的人文教育、学科交叉综合教学,但要人文素质教育在整个高校教育界普遍推行,人文素质教育理念达到成熟还需要一定的时日,人文素质教育实践的真正落实更是一条曲折艰辛的路,需要社会各界人士长期不懈地努力奋斗。人文素质教育理念从提出至今,由片面到全面,由表面到本质,由浅显到深入,由不成熟到日趋完善,我们欣慰地看到我国的人文素质教育发展速度有所增长,发展程度还是比较深入的。但是,我们应该清醒地认识到要在我国普及和推广,还有很多的困难需要克服,还有更多层面的发展诉求有待解决①。

第二节　实现维度基本关系的处理

发展高职院校人文素质教育不仅是个人的全面发展的需要,也是社会发展的必要,更是全体公民的基本素质得以提高的途径。在教育体制逐步改革并日益走向成熟的今天,科学技术日新月异,和谐社会已经形成,全面教育和终身教育的观念日益深入人心,因此,实行全社会,尤其是高职院校领域内的人文素质教育势在必行。

一、实现高职院校学生自身和教育现状关系的处理

高职院校的教育现状存在种种教育弊端,这些弊端直接影响到学生人文素质教育的缺失,又因为大学生自身心理处于半成熟的矛盾期,对一些社会现象不能做出正确的价值判断,如果高职院校教育对大学生的价值观不能正确地引导,势必会让大学生误入歧途,甚至令其悔恨一生。

由于我国教育实行文理划分,很多院校是专科专教,而且重理轻文,这在很大程度上导致了学生很少能接触到有关的人文素质的教育,特别是理工科和专业单一学科的学生,受到人文素质教育的机会较少;加之来自家庭、社会和学校的压力,使大学生本已敏感的心理变得更加脆弱,在困难和挫折面前畏惧不前,难以适应新的环境;带有弊端的高职院校

---

① 李丹.高职院校人文素质教育存在的问题及对策研究[J].中外企业家,2018(13):147.

教育体制造成了大学生心理的不利影响和价值观的难以正确树立,而高职学生自身的心理特征又会影响到高职院校的教育体制,这样便形成了恶性循环。

当前高职院校教育已经深切关注到人文素质教育帮助学生克服心理障碍、树立正确价值观的重要作用。加强人文素质教育,不仅可以使学生受到高端的专业技能的培养,更能受到内在的真、善、美的教育,拓展更广阔的视野,练就高水平的心理素质,这是当下高职院校教育改革和未来发展的必然选择。

二、实现人文教育和科学教育目标整合

由于受历史条件的制约,我国的教育存在重理轻文、文理分化过早和专业过细过精等弊端,这就把学生的人文教育和科学教育分裂开来,这显然与要实现人的全面教育发展的教育目标不符合,甚至背道而驰。

高等学校的素质教育是相伴中小学的素质教育应运而生,而倡导这一教育也是针对我国高校教育过于狭隘的弊端而产生的。我国高校人文素质教育或多或少地借鉴了欧美高校乃至世界上著名学府的先进经验,并在此基础上逐步探索出一条适合我国高职院校人文素质教育的特色道路。我国从基础教育开始,就提出一系列的改革,其改革的趋势为:以学生发展为本;从"双基"到"四基";加强道德教育和人文教育;课程综合化、社会化、生存化、个性化和多样化。这些改革的趋势都注入了对学生的人文关怀,体现了重视人文素质的特点①。

高职院校人文素质教育强调人文教育与科学教育相结合,这就势必对当前教育专科专教的高职院校教育模式进行改革,许多高职院校也增设了人文素质的课程,让学生在受到专业教育的同时,也受到人文素质教育的熏陶,在潜移默化中,大学生的人文修养得以提高,人文精神得以升华。

---

① 牟忠城.高职院校学生人文素质教育存在的问题及原因分析[J].知识经济,2018(1):35-36.

三、实现人与社会经济协调发展

经济是一切社会活动的基础,教育是劳动力再生产的必要手段与条件,在整个社会再生产中占据着重要的地位,这是马克思关于社会再生产理论的核心观点。

从根本上说,一个国家公民的人文素质水平会对本国的经济产生很大影响。当今中国经济飞速发展,经济总量已居世界第二位,经济水平位居世界前列。我国要想长期保持健康发展势头,势必要注重公民普遍的人文素质的培养,尤其是代表着未来主要劳动力的高职院校大学生们的人文素质教育的培养。人文素质可以把普通的劳动生产力转型为知识型的劳动力,从而为经济的发展输入大量的高端专业的全能人才。

在我国当今社会主义市场经济下,人文素质教育更是受到了严峻考验,人与人之间的经济活动很大程度上依赖于经济中的每个人的个人素质,个人素质的高低不仅会影响到个人,还可以影响到一个部门,一个企业,甚至整个社会经济运作。所以说,加强人文素质教育,尤其是高职院校人文素质教育对我国经济社会有非常重要的促进作用,也是我国经济健康发展、社会和谐稳定的必然因素。

第三节　主观认识维度的思想误区

一、人文素质教育理念缺失的思想误区

对高职院校而言,重视的是学生生产技能的训练,导致整个学校功利主义思想浓厚、人文主义氛围淡漠、人文素质教育理念缺失,高职院校沦为了纯粹的职业预备和培训机构,丧失了"育人"这一重要功能。

(一)功利主义思想对高职教育的不良影响

市场经济的快速发展,现代企业的大量涌现,这是高等职业教育存在的基础。因此,职业教育工作者习惯于从市场需求的角度来定位高职教

育,过重强调为社会现实发展需要服务的功能,忽略学生的全面发展,教育目的完全功利化了。

现代科学的发展带给社会前所未有的巨大财富,因此,科学技术对人类社会发展的作用和能力被无限放大,甚至人们普遍认为一切的社会经济问题都能够通过寻求科学技术的创新发展迎刃而解。人类历史上最伟大的科学家爱因斯坦说过:"只用专业知识教育人是很不够的,通过专业教育,他可以成为一种有用的机器,但是不能成为一个和谐发展的……他必须获得对美和道德上的鲜明辨别力。否则,他运用专业知识只能像一条受过很好训练的狗,而不是一个和谐发展的人。"大部分高职院校学生认为,技能是他们的安身立命之本,是与财富直接对话的媒介。人文科学有利于学生身心健康的全面发展,有利于学生创新能力的提高,但这些都无法为学生带来直接的经济效益,同时,这种没有直接经济利益回报的教育过程还较为漫长,不能一蹴而就地实现。正因为这样,对人文素质教育给予的关注,不论是高职院校,还是高职学生都远远不够。这种观点从根本上说是把科学看作一种实现目标的手段,而不是获得知识。这种认知进一步加剧了"重理轻文"的不良倾向,使高职教育的功利化愈发严重,人文色彩愈发平淡[1]。

(二)就业导向的负面影响

随着我国经济社会的发展繁荣,和产业结构的调整带来的企业产品、技术的升级换代,促使各级各类的专业技术人才缺口不断加大,高职院校都在积极顺应这一社会变革带来的种种变化,普遍确立了"以就业为导向"的办学理念。就业率成为衡量高职院校办学实力的重要指标,就业率的高低和就业满意度是学校的生命线。面对就业市场的需求,面对严峻的就业压力,高职院校主动地采取了贴合市场的"订单式"培养,将学生培养目标的设定放在了技术、技能的训练掌握上,几乎无暇考虑学生人文素质的培养,人文素质教育在整个人才培养过程中越来越边缘化,这种人才培养的功利化导向和就业环境的影响,是高职院校学生人文素质教育理念缺失的重要因素。

---

[1]闫琳.高职院校学生人文素质教育问题研究[D].兰州:西北师范大学,2016:9-12.

同时,在"以服务为宗旨、以就业为导向"的理念指引下,高职院校普遍将工作的重心放在办学规模的扩张、软硬件设施的改善、专业建设的实时更新等方面,这些教育教学改革工作使高职教育者不同程度地忽略了学生人文素质的培养和校园人文氛围的营造。

二、教育理念没有与时俱进的思想误区

受传统观念的影响,对高职学生的培养往往只集中于专业领域,着眼于对知识的掌握,人文素质和职业品格的培育往往被忽视,高职学生的人文素质教育理念相对滞后。其原因有两点:第一,高职院校在教学中,重专业知识教育,人文教育课程没有受到重视。第二,高职学生本身对人文素养的漠视。国内高职院校对于学生的培育,仍过分看重对技术和知识的教育,而同样重要的人文素质教育往往被忽视,令高职学生的教育出现缺失,造成了人文素质偏低的情况,使学生全面发展受到限制。除此之外,学生学习过程中主要集中于理论学习,缺少实践机会。对我国高职院校学生人文素质教育而言,从关注度到实际运用都有很大的缺口,教育理念没有与时俱进,严重影响了高职院校人文素质教育的发展。因此,要把对高职院校学生人文素质教育放在重要的位置,更新高职院校人文素质教育理念,才能有利于高职教育事业的进步与发展,从而更好地满足社会发展需求。

三、高职学生自身对人文素质教育认识不足的思想误区

高职院校的学生成分较复杂,部分来自中专、中职、技校和退伍军人,总体来说学生基础较差,文化水平和人文素质参差不齐,给教育和培养带来一定的困难。因为他们原来缺乏人文素质这方面的教育,致使在学习过程中排斥人文类课程。他们认为自己是来学习专业知识和专业技能的,没有必要学习人文课程,这些与将来工作不沾边,学不学影响不大。由于对人文素质教育缺乏正确的认识,因此很难实施人文素质教育,无法培养学生的科学态度、创新精神,更加难以激发学生学习人文科学的热情。

第四章　高职院校人文素质教育的现实基础

第一节　高职院校人文素质教育的历史前提

一、中华民族蕴含的人文素质精神历史前提

从历史的角度看,中华民族绵延几千年,使其血脉贯穿的基本因子就是人文素质精神元素,这些元素有儒、道、墨、法以及后入华夏大地的佛教等的思想构成。这些思想的内在因子作用于民族性格,构成了中华民族的精神元素。中华民族的精神元素存在于中华民族的哲学探索之中,中国哲学宏观上具有自己独特的面貌,不同于西方和印度哲学,其特点有以下几点:第一,在思维方式上,中华民族注重人与自然的统一关系,不强化对立思维,而强调譬类思维,实现了人类和自然、内心世界和外在世界的统一;第二,理性主义的哲学状况,中国传统哲学不注重彼岸世界和超验世界,从孔夫子开始就"敬鬼神而远之",即便是对待佛教,也有机地把它融汇在中国儒家心学思想中,在显性意识形态层面,大传统里没有鬼神世界对现实世界的统治;第三,以血亲关系和宗族伦理,中国建立了伦理治国的模式,社会伦理成为现实的最高原则,这使得中国传统社会出现了超稳定的结构,以士人、乡绅为家族文化核心的文化理念中心,维持一统的思想脉络,出现了中国特色的以伦理为本位的人道主义精神;第四,面对现实,中国传统文化强调知行合一、提倡践行精神,不喜欢幻想世界,这就使得中国传统文化有了更温和、理性的现实主义精神面貌。

（一）儒家的人格素养

儒家思想在中国绵延两千余年,其间的变化也是万象纷呈的。尽管如此,其基本的核心价值观还是围绕着人间的纲常伦理进行建构,从人文素养的精神元素来说,它对真善美皆有自己的理解,表达了现实感极强的理性主义精神,充分体现了儒家理论偏于治理国家的强烈政治倾向性。在个体与家族、家族与国家之间,一切判断标准依据于某种确定化的礼乐制度标准,不可僭越。具体来说,在儒家人格素养方面,孔子以培养"君子"为目标,以"仁义礼智信"为核心,以"温良恭俭让"为面貌,培养适应儒家治国秩序的士人。《论语》便是围绕"为政"之道以"为学"为路径实现其"为人"之目的的。

在儒家思想中,君子是指有学问且有修养的人。《论语》描述君子:"君子喻于义,小人喻于利"(《论语·里仁》),义利之间,人格可见。孔子特别强调君子的责任和修为,他说:"君子有九思:视思明、听思聪、色思温、貌思恭、言思忠、事思敬、疑思问、忿思难、见得思义。"(《论语·季氏》)这是强调君子的日常修为,这种修为在孟子那里表述得更有责任感。孟子说:"穷则独善其身,达则兼善天下",穷达之间阐释了君子的社会责任感。曾子在《曾子立事》中更加强调了君子的行为:"君子不绝人之欢,不尽人之礼,来者不豫,往者不慎也。去者不谤,就之不赂,亦可谓之忠矣。君子恭而不难,安而不舒,逊而不谄,宽而不纵,惠而不俭,直而不径,亦可谓知矣。"

后世儒家对"君子"做了更多的规范和要求,比如君子有四不:第一,君子不妄动,动必有道,《礼记》有"君子道人以言,而禁人以行。故言必虑其所终,而行必稽其所敝。则民谨于言而慎于行";第二,君子不徒语,语必有理;第三,君子不苟求,求必有义;第四,君子不虚行,行必有正。"温良恭俭让"是指温和、善良、恭敬、节俭、忍让这五种美德,同时又是儒家君子待人接物的准则,《论语·学而》曰:"夫子温良恭俭让以得之。夫子之求之也,其诸异乎人之求之与?"儒家思想强调美质统一观念,子曰:"质胜文则野,文胜质则史。文质彬彬,然后君子。"翻译过来就是:质朴胜过了文饰就会粗野,文饰胜过了质朴就会虚浮,质朴和文饰比例恰当,然后才可以成为君子。从个人修为来说，外在的修饰要以内在的美为依据，才显得文雅，"巧言令色，鲜矣仁"（《论语·学而》），文化修养建立在不迷失本性的基础上才称得上是真正的君子。

（二）道家的人格理念

道家是中国战国时期诸子百家中最重要的思想学派之一，虽然道家思想并未被官方采纳为中国古代主要的意识形态，但后世之学都是在糅合了道家思想的基础上发展而成。不同于政治上的作用，道家思想以其独有的宇宙、社会和人生领悟，在哲学和艺术领域呈现出它独有的魅力；在人格修养方面，道家提倡自然无为，旷达生死，对于古代中华民族的人格塑造具有重要的作用①。

道家学说以老子和庄子为代表。概要地说，他们在以下几个方面有比较一致的观点：第一，对"道"的强调。老子说："有物混成，先天地生。寂兮寥兮，独立而不改，周行而不殆，可以为天下母。吾不知其名，字之曰'道'，强为之名曰'大'。"（《道德经》第二十五章）其"道之为物，惟恍惟惚。惚兮恍兮，其中有象；恍兮惚兮，其中有物。"（《道德经》第二十一章），说明老子的"道"是超时空的精神性的虚无本体。庄子论"道"说："夫道，有情有信，无为无形，可传而不可受，可得而不可见；自本自根，未有天地，自古以固存；神鬼神帝，生天生地，在太极之先而不为高，在六极之下而不为深，先天地生而不为久，长于上古而不为老。"（《庄子·大宗师》）"道不可闻，闻而非也；道不可见，见而非也；道不可言，言而非也。"（《庄子·知北游》），不可能给"道"提出明确的规定。齐物论是庄子哲学的核心思想。它是一种齐彼此、齐是非、齐物我的相对主义理论，他说："道无终始，物有死生，不恃其成。一虚一满，不位乎其形。"（《庄子·外篇·秋水》）。第二，对"无"的强调。《道德经》中说："无名，天地之始。有名，万物之母。"（《道德经》第一章）"天下万物生于有，有生于无。"（《道德经》第四十章）"道生一，一生二，二生三，三生万物。""一"指天地未分时的原始物质存在，是"有"。"道生一"，即"有"生于"无"。"道"与"无"都是产生天地万物的本体。老子论"有无"对后来崇尚虚无的思想有很大影

①邱燕.对高职院校人文素质教育现实意义的思考[J].北方文学,2018(20):183.

响。庄子以"虚无"论"道",说:"泰初有无,无有无名。"认为"无"即是"无有","万物出乎无有。有不能以有为有,必出乎无有,而无有一无有。"(《庄子·杂篇·庚桑楚》)《庄子·内篇·齐物论》说:"俄而有无矣,而未知有无之果孰有孰无也。""因其所有而有之,则万物莫不有;因其所无而无之,则万物莫不无。"认为有与无、存在与非存在之间的界限无法分清,一切都是相对的,走向了一种虚无的境界。第三,对"无为"的强调。无为并非不为,而是顺应自然,老子说:"道常无为而无不为"(《道德经》第三十七章),因为天道自然无为,又无不为,因"道法自然"(《道德经》第二十五章),所以提出"绝圣弃智"(道德经》第十九章)"无为而治"(道德经》第五十七章)的主张,这里绝对是人为之圣、之智,因为他们都是违背自然而然的天道的。庄子发扬了老子的观点,将其引入人的修为,提出了"逍遥"的主张,追求个人精神的绝对自由,从而进入"无累"之境界,在《庄子·外篇·在宥》中他说:"有天道,有人道。无为而尊者,天道也;有为而累者,人道也。"从而达到超越生死、物我两忘、天地与我并生、万物与我为一的绝对的自由境界。庄子的思想展示了道家人格的特点,即鄙视名利,旷达隐逸,追求个人精神的彻底解放,为历代士人知识分子解决生命和生存之困惑,游走于仕与放之间,寻求人格的协调,提供了一个非常有效的精神纬度。

(三)法家的功利性追求

在先秦诸子中,法家是最为急功近利的,他们以"法治"而闻名,并在实践中为秦帝国的建立提供了有效的理论依据,进行了卓有成效的实践,成为后世外儒内法治国方略的一维。法家除了在治理国家、建章立制方面做出贡献外,其主张亦有人格修养的元素提供于今。但是,这种提供又是从反面给今天以资源的,比如在强烈反对儒家"以德治国"的主张中,他们提出了法律的作用,《商君书·更法第一》:"法者所以爱民也,礼者所以便事也。是以圣人苟可以强国,不法其故,苟可以利民,不循其礼……故知者作法,而愚者制焉;贤者更礼,而不肖者拘焉。拘礼之人不足与言事,制法之人不足与论变……治世不一道,便国不必法古……"不法古,不循今——既不能复古倒退,也不能因循守旧,革新变法思想,是法家思想的精髓。与法家"不法古，不循今"的革新变法思想相对的是儒家的"崇古崇圣从上"的理念。《商君书·定分第二十六》强调"法"的重要："法令者，民之命也，为治之本也，所以备民也。为治而去法令，犹欲无饥而去食也，欲无寒而去衣也，欲东而西行也，其不几亦明矣。"又说："故圣人为法必使之明白易知，名正，愚知遍能知之；为置法官，置主法之吏，以为天下师，令万民无陷于险危。故圣人立天下而无刑死者非不刑杀也，行法令明白易知，为置法官吏为之师，以道之知，万民皆知所避就，避祸就福，而皆以自治也。故明主因治而终治之，故天下大治也。"

具体来说，法家有如下主张：第一，提出"定分止争"，也就是明确物的所有权。战国时期法家代表人物慎到说："一兔走，百人追之。积兔于市，过而不顾。非不欲兔，分定不可争也。"第二，强调"兴功惧暴"，即鼓励人们立战功，而使那些不法之徒感到恐惧。兴功的最终目的还是为了富国强兵，取得兼并战争的胜利。第三，提出"好利恶害"的人性论，管子曾比喻说："其商人通贾，倍道兼行，夜以续日，千里而不远者，利在前也。渔人之人海，海深万仞，就波逆流乘危百里，宿夜不出者，利在水也。"（《管子·禁藏》）有了这种相同的思想，所以商鞅才得出结论："人君而有好恶，故民可治也。"第四，提出"不法古，不循今"的历史观，法家反对保守的复古思想，主张锐意改革。他们认为历史是向前发展的，一切的法律和制度都要随历史的发展而发展，既不能复古倒退，也不能因循守旧。商鞅明确地提出了"不法古，不循今"的主张。韩非子则更进一步发展了商鞅的主张，提出"时移而治不易者乱"，他把守旧的儒家讽刺为守株待兔的愚窳之人。

法家思想鼓励人们建功立业、修明法度、整治国家、参与世事，为后世知识分子积极人士提供了思想资源和精神参照，有它的积极意义。

二、异域文化的人文素质精神历史前提

（一）希伯来文明与古希腊文明的影响

希伯来文明诞生于今天巴勒斯坦的土地上。在公元前1200年—公元前400年间，希伯来人创立了犹太教，犹太教对于早期的基督教和伊斯

兰教的形成有着重大影响。人们把希伯来文明作为西欧文明的来源之一。基督教的《旧约圣经》与《希伯来圣经》内容大致相同。犹太教的宗教经典是指《塔纳赫》(或称《希伯来圣经》),而基督教的则是指《旧约》和《新约》两部分。基督教的《旧约》跟犹太教的《塔纳赫》几乎是一样的。《旧约》只是被用来证实《新约》的,用来证明《新约》的神就是犹太教圣经《塔纳赫》预言的救世主。因此,基督教圣经实际上只是指《新约》。《希伯来圣经》记载的是上帝创造世界、人类犯罪、犹太人的历史及关于世界的预言。《新约》记载耶稣基督和其使徒的言行与早期基督教的事件记录、使徒书信及关于世界末日的预言。

对西方影响更大的另一支力量是古希腊文明。古希腊文明源于爱琴海地区的克里特文明和迈锡尼文明,作为一种城邦文明,在诸城邦中势力最大的是斯巴达和雅典。城邦是指希腊的一种国家形态,它一般以一个城市为中心,包括周边的若干村落,希腊城邦的主要特征是小国寡民,各邦长期独立自治,在政体上的特点是贵族制、民主制、君主制、寡头制和僭头制等形式。15世纪意大利文艺复兴时期,很多知识分子(以僧侣和贵族为主)为了摆脱基督教日益腐朽的世俗化统治与思想禁锢,而开始重新学习逐渐被遗忘的古希腊著作,例如《荷马史诗》、亚里士多德的《诗学》和一些先古基督教会文章。古希腊的精神遗产第一次得到了全面复兴和继承。

古典希腊哲学和文学对世界产生了广泛的影响,成为培育西方文明的源头。古希腊人追求现世生命价值、注重个人地位和个人尊严的文化价值观念使它产生了丰富的艺术,马克思说,古希腊艺术具有人类社会童年时代天真烂漫的特征。古希腊神话、古希腊悲剧、古希腊喜剧和古希腊建筑都对世界文明起到了奠基的作用,在人类文明上,从人文素质角度讲,追求真理、提倡民主和崇尚英雄都为人的完善提供了精神的元素。

(二)西方现代民主思想与人文素质精神元素的轨迹

"民主这个词,不但没有公认的定义,而且各方政治力量都极力反对取得一致。人们普遍感觉:如果称一个国家为'民主国家',那是对它的赞美。任何政体的捍卫者都声称他所捍卫的是民主政体,深恐一旦民主同任何一种意义挂钩,便有可能使他们无法再利用它。"英国社会评论家奥维尔如是说。

西方宪政民主的理论渊源或许可以追溯到古希腊、罗马时代的政体观、法律观和制度设计,但现代意义上的宪政民主思想则是近代思想文化发展的产物。从古希腊雅典算起,人类的民主文化已绵延2500多年。从民主的发展历程看,民主这个观念之所以强大、诱人,是因为民主制度底下决定未来行动的是它的人民,由此,人们牢牢掌握了自己的命运。民主之所以强大,乃在于一种自治的观念,即应当听由个人自由的选择。人们笃信人类的个体之间应是平等、自由和相互尊重的;而且人人具有平等参与置身其中的共同体政治事务的权利与义务。

三、中华民族人文素质精神元素的特色与其现实倾向性

从个体的人的成长角度来看,人的精神品质事实上是在文化中生成的,也就是说,脱离开人类个体的精神品质是无法完全独立存在的,个人的人文素质总是反映在民族的、文化的特性上来,通过上文的论述,也证明了这个观点。

建立于东西方文化各自基础上的人文素质精神元素也呈现出不同的面貌,区别于西方文化,大体来说,中华民族的人文素质精神元素具有如下一些特点。

第一,重视人与自然的协调与和谐。儒家文化重视现实,"敬鬼神而远之",但是并不违拗自然,强调顺应天时;道家思想"道法自然",以自然的法则运用于生命体验,在艺术领域尤能开新;禅宗思想更是顺应自然之道,直指人心。

第二,重视人与社会的协调与沟通,强调人的参与意识。儒家文化强调人间伦理的重要性,并且以"血亲"关系,实行孝道,维护社会的运行。法家思想主张积极入世,高度强调参与意识,并且在实践上具体地实现他们的主张。

第三,表现在个人人格上,中国传统文化的各个流派都具有积极努力、重视生命和建构自己的人格理想的特点。儒家的"经邦治世"、道家

的"任用自然"、法家的"不法古,不循今"和杨朱学派的"贵生""重己",等等,其实都在努力实现自己的主张,渗透自己的意见于社会领域。

第四,无论哪种思想,都体现出真诚、尚美和善良的愿望。儒家讲"诚"、讲"文质彬彬"、讲"善";道家主张"去伪存真""天地有大美而不言""上善若水";即便是杨朱的思想,也是在强调正视人的本性,避免人为的原因造成"伪饰",在中国传统文化的主要思想景观中,早已打上了民族特有的印痕,这是今天人文素养的源泉。

中华民族人文素质精神元素具有鲜明的现实倾向性,表现在中国古代思想家并不特别重视对终极问题的思考,这并不是说中国古代思想不重视终极关怀,也不仅仅是中国传统文化对终极问题的追问方式与西方有本质的差异,而是源于中华民族的生存方式。

实际上,中华民族特有的文化面貌源于中国人特定的生存空间和生存方式,两千多年的农耕社会,其生产方式决定了中华民族的生活节奏与人际伦理。农业文明对劳动力的需求、对家族团结以及利于战胜自然的需要,都决定了重视血亲关系,强调孝道伦理。

第二节 高职院校人文素质教育的文化源泉

优秀传统文化中蕴含了中华民族的核心价值体系的相关内容,是中华民族生存发展所赖以维系的重要精神纽带与精神力量源泉。在当代社会,优秀传统文化的意义不止体现在人民的生产生活过程中,同样被高职教育事业所需要。高职学生通过对优秀传统文化内容的接触与学习,可以充分提升其人文素质,更好地应对复杂的社会竞争,指引其努力生活,积极面对生活中的困难,帮助其获得更加良好的职业发展优势。

一、优秀传统文化是高职院校人文素质教育的力量源泉

高职院校人文素质教育培育的是满足中国特色社会主义建设事业需

要的优质人才,其人文素养培育,根植在悠久灿烂的中华民族优秀文化中。不同的教育内容所需要遵循的是不同的教育文化背景和源流。每一种人文素质教育内容所遵循的教育资源源流都与人文素质教育的传承和目的相关联。文化教育信仰、人文素质教育目的需要从特定民族、社会中找到思想根源。优秀传统文化正是高职人文素质教育的思想源头之一,也是其重要的力量来源。因为归根结底,中国职业教育的人文素质教育内容是中国特色社会主义文化中的一部分,而中华民族的优秀传统文化是中国特色社会主义文化的形成土壤,中国特色社会主义文化正是在优秀传统文化内容的滋养下才得以形成与发展的。因此,高职院校的人文素质教育需要优秀传统文化内容的融合,以此培养高职学生形成良好职业道德和社会主人翁意识,为中国的社会主义建设事业贡献积极力量。高职院校不单是职业人才的培训基地,同样也是社会主义文化的重要建设载体,其对弘扬社会主义文化负有不可推卸的责任。高职院校在教学活动中更加重视对学生人文素质教育的培养,有助于营造良好的校园人文氛围,纠正高职院校过度重视职业技能教育的倾向,推动高职教育事业的进步①。

二、优秀传统文化是高职院校人文素质教育的资源宝库

优秀传统文化中包含了中国人的文化基因,中国人能够在丰富的传统文化养料中感受到中华文明的内涵,高职学生可以通过优秀传统文化内容的学习,唤醒文化意识,树立正确的人生理念与职业精神,为未来的职业生涯奠定坚实的思想基础。优秀传统文化是中国人民在长期的历史实践过程中所形成的具有高度民族特性和传承特点的文化资源,其能够带给高职院校的人文素质教育以充沛的文化力量,成为重要的文化资源宝库。在优秀传统文化中,充满了有关尊重劳动、尊重劳动者的内容,引导高职学生自主思考工作与家庭的意义,思考职业教育和职业技能对人生的影响和对社会的积极价值,引领学生正确看待多元化的社会现象,让学生在文化传统中感受传统价值的魅力,并且以优秀传统价值观

---

① 刘鹏辉.中国优秀传统文化与高职院校人文素质教育融合问题调查研究[J].教师,2019(5):119-121.

念感知自我行为的社会属性,帮助高职学生以正确行为和态度面对社会现实。良好的思想道德素质与专业修养能够帮助高职学生在社会主义现代化建设事业中贡献积极力量。

三、优秀传统文化是高职院校人文素质教育的价值指引

优秀传统文化是高职院校人文素质教育的社会价值的有效指引,职业教育和职业技能等,不仅仅关乎制造业的发展,也关乎中国多行业价值认知的发展。社会价值观念的形成与发展不只需要在社会劳动中予以体现,更需要社会生活的深度参与。在优秀传统文化的引领下,高职学生能够在高职教育中感受到优秀传统价值观念的影响,能够自觉在校园生活中应用正确的价值理念看待具体事件,从优秀传统文化的角度应对社会生活的挑战,从而使得其价值观念在不自觉中向良好人文理念的方向转变,在行为中真正落实人文素质教育内容,在人际交往中营造优秀传统文化氛围。

四、优秀传统文化在高职院校人文素质教育中的作用

随着文化研究和对传统文化反思的不断深入,人们逐渐抛弃了对民族传统文化的激进批判和简单否定态度,认识到任何新的文化不仅必须在原有传统的基础上进行,而且民族传统文化还应是我们创新的主要文化资源。无数的历史经验证明,无论我们主观上是否认定,传统始终是我们无法摆脱的精神纽带。中华民族在长期的历史发展中逐渐形成的文化传统,已经稳固地植根于我们的民族性格中,积淀于民族每一个成员的血脉里,成为中华民族的精神脊梁。传统文化中所蕴含的文化要义能够实现大学的功能。中国传统文化是中华民族几千年来的历史沉淀,博大精深。它丰富的文化内涵,能够塑造大学生的主体完善的人格,能够养成民族的性格。

(一)传统文化有利于大学生民族性格的养成

民族精神是民族的精神支柱和灵魂,它对于塑造民族的品格和风貌,对于民族凝聚力、向心力的增强,作用之大不可估量。而蕴含于传统文化之中的中华民族精神就是在中国传统文化基础之上产生的民族意识

和民族感情。一个民族的历史越悠久,传统文化越丰富,民族意识和民族情感则越深邃,民族精神越强烈。民族文化是民族精神的客体,民族精神是民族文化的主体,两者是数学上的"映射"关系。传统文化与民族精神这一辩证统一关系,决定了高校在对大学生进行民族精神教育时,离不开传统文化教育。诸如刚毅奋进、积极进取的人生态度,"天下为公""世界大同"的理想精神,各族一家、协和万邦的宽容精神,忧国忧民、献身祖国的爱国精神,"先天下之忧而忧,后天下之乐而乐"的博大胸怀等这些中华民族精神的精华,在市场经济的负效益冲击精神文明建设的时候,必须进行认真整理、挖掘,用以武装当代的大学生,从而重新树起民族文化的旗帜,以激发大学生的民族自尊心、自信心和民族自豪感,使中华民族永远屹立于世界民族之林。

生活在同一文化体系中的人由于受到相同文化的教养、规范和塑造,受到相同的需求化和社会化,形成某种共同的人格特质和价值取向。正如美国人类学家马文·哈里斯所说:"每一种文化产生一种基本的,或者说深层的个性结构,这种结构实际上可以在这个文化的每个成员的身上找到。"当该群体组成一个国家时,其基本的个性常常被称为"民族性",但民族性或国民性的形成不是一蹴而就的,它是传统文化长期积淀的结果。传统文化通过单个人的人格的塑造,其最终结果也将导致形成同一的民族性或国民性。虽然文化是可变的,但是传统文化中的一些特殊因素和基本精神,已经深深地内化为民族的心理结构,成为文化遗传的"基因",从而使民族文化和民族性格中具有某种"一以贯之"的东西。

(二)优秀传统文化有利于大学生健全人格的塑造

在国内、国际环境错综复杂、变幻莫测的今天,加强优秀传统文化教育有其必要性。经济全球化、政治多元化和信息网络化已成为新时代的鲜明特征,而民族精神是一个民族赖以生存和发展的精神支撑。一个民族没有振奋的精神和高尚的品格,这个民族的精神世界不仅是苍白和空虚的,而且必然会成为一盘散沙,在竞争中处于被动的境地,更不可能自立于世界民族之林。尤其需要时刻警惕的是,以美国为首的西方发达资本主义国家凭借其经济和技术优势,利用无孔不入的大众传媒,向经济尚不发达的社会主义国家大学生灌输他们的思想意识,使年轻人在不知不觉中接受他们以追求物质享受为终极目标的资本主义消费观和价值观。目前社会已经出现了"重物质享受,轻精神追求"以及精神空虚、道德缺失、信仰危机现象,应引起高度重视。东欧社会主义国家的解体,主要原因虽在其自身,但与以美国为首的西方国家长期的文化渗透、"和平演变"是分不开的。中国作为最大的社会主义国家,应从中汲取教训,这就要求我们必须加强对作为社会主义现代化建设主力军的大学生,进行有效的优秀传统文化教育,以避免历史悲剧重演。

加强对大学生进行优秀传统文化的教育,体现出其作为关键环节的重要性。大学生作为社会主义宏伟事业的生力军,正处在人生树立科学"三观"最重要的黄金时期。我们必须承认,在改革开放取得巨大物质成就的同时,淡化了人文精神,忽视了人的精神世界。一种自私狭隘、害怕艰苦、依赖他人、坐享其成、心理脆弱的自我中心式人格正在侵蚀着新一代。而优秀传统文化重视为人之道,注重道德修养,追求人格的尊严,我们要弘扬优秀传统文化中团结人、鼓舞人和凝聚人的优良传统,占领思想阵地,塑造新一代的道德灵魂和精神风貌。只有这样,青少年一代才能自觉抵制一切不良思想的侵蚀,真正成为有理想、有道德、有文化、有纪律的德、智、体、美、劳全面发展的社会主义事业的建设者和接班人,把我们的社会主义事业发扬光大。

(三)优秀传统文化是建立和谐校园的有力保障

儒家文化崇尚的和谐,包括宇宙和谐、天人和谐、人际和谐,分别涉及宇宙状态、人与自然的关系、社会关系三个层次。宇宙和谐是指世间万物虽有差别,但各循其道,和谐互补,协调共进,实现一种"太和"境界。天人和谐是指人类社会在发展中必须适应自然,遵循自然法则。人际和谐是尊卑差别的个人须心志相通,和衷共济,推动人类社会向前发展。和谐精神的核心是具有差别性的事物、社会和个人应保持个性和群体的平衡,在这种平衡中寻求进步与发展。而"和"文化作为中华几千年文化的历史遗产,已沉淀为中华文化底蕴最深厚的一部分,已融合为中华文明的文化基因。"和"文化,见证了中华几千年的历史与文明。作为文化遗产,它不仅是中国的,也是世界的,但是归根结底它是中华民族的。作为一个经济与文化处在快速发展阶段的大国,中国给世界传递的一个最让人振奋的信号就是和平崛起,在当今世界政治文化外交中秉承"和而不同"的文化理念,积极推进世界文化多样化,充分尊重文化的特异性,给当今的世界政治文化吹进了一股清新的空气,赢得了负责大国的良好形象。这正是中华民族作为"和"文化承载体与实践者的最好印证。建设"和谐社会"的提出,是我们党在建设小康社会过程中针对社会中出现的新问题、新课题提出的又一新使命。高校是整个社会体系的重要组成部分,代表了先进文化的前进方向,肩负着为国家、社会培养德、智、体、美、劳等全面发展的社会主义事业建设者和接班人的任务,在构建社会主义和谐社会中有着重要地位与作用。作为高校,和谐社会的行动具体归结为如何构建和谐校园的问题上。构建和谐校园是构建和谐社会的一部分,而且是非常重要的一部分。把和谐校园构建好了,就能在无形当中形成一股十分强大的力量,进而推动整个社会的和谐。

(四)优秀传统文化是素质教育的重要素材

传统文化是中华民族在数千年的文明史中创造的优秀文化,包括政治、经济、军事、思想、教育、艺术等领域里的一切优秀文明成果。细细品评这些文化内蕴,其中的道德观、认识论和科学精神综合了一个人所立身处世的道德修养、伦理观念、文化素质、思维方式和行为规范等。正是这些精英文化,是当今素质教育最重要、最基本的内容。

素质教育中重要的部分是思想品德教育和文化素质教育。其中,以政治教育为方向,思想教育为基本内容,道德、品格为基础,形成思想品德教育结构。文化素质的核心是人文知识修养和人文品质修养,是关于正确认识和处理个人同自然界、社会、他人的关系,正确认识和控制自我的基本素养,如爱国情怀、敬业乐群、崇尚真理、尊重他人、诚实守信、胸襟开阔、宽容、关爱他人等。大学的人文素质教育主要是引导学生汲取祖国传统文化和人类一切优秀文化成果,陶冶自己的情操。特别是文学艺术以美感人,对提高大学生的思想境界、文化素养、思维能力、想象能力和审美能力都是有益的。

中华民族是一个崇尚道德的民族,伴随着文化回归的脚步,道德教育将被提升到应有的高度。中国古代的一些优秀的道德教育内容和方法与当代的社会实践相结合,定会表现出强大的生命力,引导道德教育健康快速发展。中国现阶段的道德教育状况并不代表中华民族道德教育的真实水平。不妨大胆预言,中国教育中的道德教育部分将成为世界教育的典范;中国教育成为世界名牌,道德教育功不可没。中国传统文化重视修身教育,个人的发展不能由别人代替。中国优秀传统教育特别重视人自身的教化和塑造,从而达到崇高的精神境界。我们中国人一向讲究"大学之道,在明明德,在亲民,在止于至善",为追求最完美的"至善"境界,人应当不断"修己善群",涵养充塞天地之浩然正气,以及"为天地立心,为生民立命"的人文精神。日常道德修养应从小事做起,"勿以恶小而为之,勿以善小而不为",应做到"修身、齐家、治国、平天下"。

求知与修养相结合,是中华民族的一个优秀文化传统,这句话对我们理解素质教育具有指导意义。李岚清同志在1993年全国高校党建工作会议上说:"中华民族几千年的文明史学孕育了光辉灿烂的优秀传统,它是中华民族屹立民族之林的精神支柱,对中华民族的团结、和谐与发展,发挥过和正在发挥着非常重要的积极作用,是我们宝贵的精神财富。中国传统文化无论在哲学、道德、伦理、文学、艺术等方面都有许多精华,好的东西可以说如同浩瀚的大海。"闻一多先生早在20世纪40年代前中国处于最黑暗的时期就说过:"我国前途之危险,不独政治、经济有被人征服之祸患,且有文化被人征服之虑。文化之征服甚于其他方面之征服千百倍之。"这就强调了独立的优秀传统文化对于民族生存的重要性。

所以,在我们中华民族土地上正在从事振兴民族大业的新一代中华儿女,如果不懂得这个民族的历史、这个民族的文化、这个民族的精神,是很难承担得起这个伟大历史责任的。

(五)优秀传统文化可以提高人的行为现代化

人的现代化从最一般的含义上说,就是近代以来人从传统人向现代人的转变。人的现代化的指向就是人的现代性,也可称为人的现代化素质,即现代人区别于传统人的特殊品质,这些特殊品质会表现在价值取向、心理状态、行为方式、生活方式等各方面。

推动人的现代化进程,需要全民族的一种广泛而持久的精神力量。中华民族实现人的现代化的精神动力,主要来源应是中国传统文化。自1840年中国逐渐沦为半殖民地以后在中华大地就兴起了一场推动中国向近现代发展转型的社会运动。尽管这场运动的方式是学习西方、推动中国的社会变革和文化转型,但是,推动这场运动的深层动力是一种强烈的民族自强意识和爱国主义热情。学习西方的科技知识是为了"师夷长技以制夷",改革中国的政治、经济制度也是为了促进中华民族的强大,新文化运动倡导西方的科学、民主,是为了建设一个不受列强欺凌的强国。直至后来的改革开放,同样是为了祖国的富强,希望中华民族能够站起来。这种强烈的民族自强意识和爱国主义热情,正是中国传统文化的基本精神之一。其实,中国近现代化运动中出现无数的志士仁人,所表现出来的民族自强意识和爱国主义热情,均是源远流长的中国传统文化熏陶的结果,是优秀的中国传统文化的精神传统的体现。人们的行为不再是以个人的需要为价值尺度,更多的是从国家、社会和集体的利益出发。中国自古就有以关心社稷民生、维护民族独立和保卫中华文化为基本内容的爱国主义传统,以爱国主义为人生的崇高价值。

中国古代提倡忠,忠君的思想当然要废除,但忠于民族、忠于祖国是绝对必要的,这是每一个国民的崇高义务和神圣职责。中国传统文化素来推崇以国家民族的利益为首位的价值观念,那种提倡"先天下之忧而忧,后天下之乐而乐""天下兴亡,匹夫有责""风声、雨声、读书声,声声入耳;家事、国事、天下事,事事关心"的民族意识、爱国热情,构成了中华文化的主要精神传统。近代以来中国人民所开展的反帝、反封建的民族独立、人民民主的革命运动,依靠的就是这种民族意识和爱国精神;同样,推动中国进步、繁荣和发展的现代化运动,所需要的同样是这种民族意识和爱国精神。

中国传统文化中的人本思想究其实质乃是一种家国主义,是建立在血缘宗法关系基础之上的,而非重个人价值的人本主义。这种人本主义的另一种说法是宗法集体主义,它"敬鬼神而远之",将个体融入类群,强调人的宗族和国家的义务,构成一种宗法集体主义的人学,这与文艺复兴时期勃兴于西方的以个性解放为旗帜的人文主义以及近代西方的人本主义分属不同范畴。它的价值信条就是儒家伦理。简言之,作为中国传统文化精神特征之一的儒家伦理,其核心思想就是儒家的"仁"学和"礼"学,它发端于原始氏族社会的集体生活,在先秦儒家典籍中上升为一种理论自觉,历经后世儒家的推演,经过实践的过滤与积淀,成为支配中国人行为方式的伦理色彩浓郁的世界观,也成为人类社会应当自觉遵奉的价值观,能够自觉地做到这一点,也就达到了"仁"的高度,使人与社会的交往更加协调。社会是以人为主体的集合体,人与人、不同社会阶层之间的和谐是社会和谐的基础。

人的一切行为皆根源于利益,人与人的关系说到底是利益关系,人们奋斗所争取的一切,都同他们的利益有关,每一个社会的经济关系首先是作为利益表现出来。在人们对自己的利益追求的过程中,由于各方面的原因,利益占有的多少是有差别的,这种差别发展为人与人之间、不同社会阶层之间的利益矛盾。在社会主义社会,这种差别和矛盾是社会发展的正常现象,从一定意义上说,建设和谐社会也不是要取消差别与矛盾,相反,一定程度的差别与矛盾运动正是社会发展的动力源泉。但是这种差别与矛盾,在自发的状态下有可能尖锐和激化,从而发展为对抗性矛盾,进而导致社会动荡。因此,利益差别与矛盾有两种发展前途:一种是和谐社会;另一种是动荡社会。当前我国正处于人均GDP由1万美元向2万美元跨越的历史过程,许多国家和地区的发展历程显示,这一时期正是两种发展前途的"临界点"。此时,以中和精神来思考当代社会的发展道路就尤为紧迫。传统的中和之道,在承认差别、矛盾的前提下,特别提倡"和而不同",认为只有善于利用事物之间的差异和特性进行相互补充,对不同的事物进行协调,才能"和实生物",才能充分发挥不同事物彼此结合的整体作用。如果只是一味地追求没有任何差别的一致和雷同,就会"同则不继""尽乃弃矣",失去应有的生机与活力。

我们要建设和谐社会,首先就应该承认差别,保持适度,追求和谐,注重矛盾的统一和均衡。在多样中求得统一,在动态中求得稳定,在互利中求得共赢。

具体而言就是,我们承认在现实社会有机体内部和外部的各要素之间存在着差别,而且这诸多的差别正是社会充满活力的源泉;这种差别的展开就是社会内外部的各种矛盾运动,但是各种矛盾运动要保持在统一体可容许的程度内,以实现人与人之间、不同社会阶层之间的相互和谐。

中国传统文化弘扬群体观念和爱国精神,以树立社会责任意识和历史使命感,以有助于正确处理个人与社会的关系。重义轻利、崇尚道德修养的文化传统,对于我们抵制拜金主义、享乐主义、极端个人主义以及唯利是图、以权谋私、行贿受贿、贪污腐化等不正之风,净化社会风气,是有积极意义的。这才是和谐社会的基础要义。上述谈到的是传统文化中的优秀成分所起的积极作用。但是,在浩如烟海的中国传统文化中,迄今为止仍然有一些糟粕成分起着消极的作用。在高职院校人文素质教育中,如果不能清楚地认识到这些,将会对大学生的心理意识、思维方式、实践能力、健全人格等多个方面产生不利的影响。

第三节　高职院校人文素质教育的现实学情

一、加强高职院校人文素质教育的现实意义

(一)有利于提高学生的综合素质

随着高职院校扩招以及社会对技术人才的需求日益增长,高职教育逐渐趋向职业技能的培养,出现了重专业知识、轻人文素质,重学科教育、轻品德教育的局面。这种教育模式,导致高职学生整体综合素质有所下降。部分高职学生因思想政治水平不高、是非观念不强、心理素质不强、公德意识不强,频频做出一些不文明的行为举止。他们在走上社会,面临工作压力、遭受生活挫折时,往往难以承受,最终走向极端。这与高职院校人文素质教育的力度不足息息相关,因此,全面实施人文素

质教育对提高高职学生的综合素质有着非常积极的促进作用。

(二)有利于完成高职的人才培养

高职院校是为企业培养生产一线应用型人才的主战场。近年来,高职院校的人才培养体系主要围绕能力本位和就业导向构建,更多注重学生专业技能和实践能力的培养。但随着社会经济的发展,我国的产业结构进行了相应调整,也对传统高职院校培养的技术技能型人才提出了更高的新要求,主要体现在对人才综合素质的高标准,例如,合作能力、组织能力、沟通能力、协调能力、心理素质、分析解决问题的能力、敬业守纪的职业素养、责任意识和耐心等。这些专业之外的综合能力,在企业对人才的衡量中占据着越来越高的比重。而以上能力的培养则需要通过心理、文学、艺术道德等人文素质课程的教学来实现。因此,人文素质教育是高职院校人才培养方案中必不可少的一部分。

(三)有利于推动民族的未来发展

高职院校的学生在毕业后将成为我国社会主义建设的主力军,人文素质教育可以丰富他们的精神世界,提升他们的精神境界,使他们树立对国家、民族、社会、自然的责任感,激发他们对祖国的热爱,对民族的自豪感,并带着这种精神力量去推动民族的未来发展。一个国家和民族想要拥有强大的实力,除了科学进步外,还亟须提高国民的人文素质。

二、高职院校人文素质教育的现实学情

高职教育担负着为现代化建设培养高素质劳动者的重要任务。因此高职院校学生要想具备这样的"高素质",不仅需要具备很好的专业技能,还需要具备更好的思想道德修养,从而才能更符合我国目前对专业型人才的要求,进而为以后的就业打下一个良好的基础。但是根据目前高职院校学生的人文素质现实学情来看,主要还存在以下方面的问题,因而还需要不断加强高职院校人文素质教育。

(一)不会与同学、长辈相处,缺乏感恩意识

随着经济的快速发展,人们的生活水平也在逐渐提高,所以目前我国

高职学生的家庭条件普遍都比较好，再加上大部分的高职学生都是独生子女，所以几乎都是在父母的溺爱之下成长起来的，因此他们就会在性格上多多少少有一些任性、凡事以自我为中心、不顾及他人感受、对人和事物都比较缺乏耐心等。而也正是因为这些性格的形成，导致他们不会与同学、长辈相处，以及缺乏感恩意识。因此在他们走入社会之后，常常很难适应社会的生活。

(二)心理素质差，缺乏自信心

由于父母长辈的过分关心与爱护，使得高职学生不管是在求学还是在之后的求职过程中都走得很顺利，但是我们都知道"温室里的花朵"是经不起外面的风吹雨打的。所以这些高职学生之前基本都没有遭遇什么挫折与磨难，而当他们一旦遇到什么挫折、困难、挑战时，基本没有什么心理承受能力，从而导致他们普遍心理素质都很差，遇到事情缺乏足够的自信心，因此经常自暴自弃、自怨自艾。再加上，有的学生在学校里较少得到老师的关注，因而也容易产生一些自卑心理[①]。

(三)学习目的不明确，无理想和信念

现阶段，由于我国的市场竞争越来越激烈，所以各行各业对人才的要求也就越高，从而使我国目前的就业形势也非常严峻。于是社会出现了很多消极和质疑的声音，而这些言论对我国各个学校的学生都产生了很大冲击，尤其是高职学生。因为面对这样的就业现状，很多高职学生和家长都认为，如果连大学生就业都很困难，更何况是他们高职生呢？这就使得高职生们更不愿意去学习各种知识、技能，从而导致他们在学校里终日无所事事，既没有明确的学习目标，也对自己的未来没有具体的规划，当然也就更谈不上有什么理想和信念了。

(四)人文素质观念认知存在偏差

第一，传统观念的束缚。近些年来我国对职业教育的重视程度日益加大，也提出了要改变传统的教育模式，逐步加强素质教育，然而我国对于素质教育的重视仅仅停留在口头上、书面文字上，尤其是对于职业学

---

①文小兵，杨长虹.高职院校人文素质教育的现状[J].文教资料,2018(13):140-141.

校而言,培养的重点集中在技术技能方面,关于人文素质教育的实施虽然体现在很多文件中,但是却没有实质性的开展,造成人文素质教育在职业学校无法实施到位,这也使高职学生没有更多的人文素质学习,造成人文素质的认识缺失。

第二,社会环境缺失。社会环境的缺失使得人文素质教育长期以来受到职业教育的偏见,多元文化对当今青年一代的价值观和人生观形成有力冲击,其中不乏功利主义、享乐主义等不正确的价值观泛滥,低俗行为也随处可见,影响着高职学生的健康成长。在这些不良社会观念的影响下,职业院校尤其是高职学校认为高职学生主要是学习技能,学习人文学科对于他们来说并没有多大益处,与其浪费时间在学习人文学科上,不如扎扎实实学习一些真正对就业有帮助的技术技能来得更实在。高职学校人文素质教育的发展离开社会肥沃土壤的滋养,不可避免地会出现许多问题。

(五)缺少高质量的人文素质教育环境

第一,高职学校对人文素质教育认识不充分。长期以来,大多数高职学校尚未形成对人文素质教育清醒的认识,依然认为技术技能的培养是第一位的,相信高职学校的任务就是为社会输送技术过硬的专业人才,其他任何形式的教育都应让步于技术技能的培养。

第二,没有形成良好的校园人文环境。高职教育发展迅速,但与其他普通高校相比,文化积淀单薄,没能形成浓厚的校园文化氛围,甚至有些高职学校并没有设立图书馆来供学生学习、阅读,或者即便是设有图书馆,其图书馆藏数量也满足不了在校学生的需求。虽然不少高职学校也会邀请一些知名专家、学者来学校讲学,以此弥补学校人文素质教育的不足,但是这种对学生大有益处的学术活动因为各种原因的限制,在高职学校少之又少。此外,高职学校在校园建设方面缺乏人文底蕴。高职学校将教学的重点放在技术技能的培养上,自然在校园建设方面偏重于实习实训基地的投资建设,而对学生素质产生积极影响的人文景观建设并没有得到应有的重视。

第三,高职学校人文素质教育缺乏有效的制度保障。早在90年代,素质教育就被国家所重视,但是高职学校长期禁锢在"重技能轻人文"的陈旧思想中,素质教育的实施仅仅停留在文件政策上,无法贯穿到教育教学实践中,造成这种情况,究其根本是素质教育在高职学校没有长期有效的机制作为保障。没有制度上的规范,人文素质教育就是一纸空文,其工作开展没有依据,高职学校自然不会重视,教师也会产生懈怠心理,长此以往人文素质教育只能呈现走下坡路的趋势,使得高职学校的人文素质教育工作举步维艰。

(六)缺乏合理的课程设置与课堂人文教学

1.课程体系设置不合理

第一,人文素质教育课程开设数量少,开放的、可供学生自由选择的课程数量更少。教育部明确规定,职业学校要开设德育、语文、艺术等9门公共基础课,这些课程是高职学校立德树人任务得以落实的主渠道。但是大部分高职学校并没有将这些公共课落实到位,人文素质教育课程所占比重仍然很低,与专业课的课程设置形成强烈反差,人文素质课程只是对专业课程的补充。第二,将人文素质教育混淆于其他形式的教育。一些高职学校将思想道德修养或法律基础等国家规定的必修课作为对高职学生人文素质的培养课程。人文素质教育有其自身独特的内涵,主要内容覆盖了整个人文社会科学领域。因此,高职学校人文素质教育不能与其他形式的教育相混淆。

2.专业课与文化课缺乏有效融合

第一,各科专业教师单纯地负责自己所教的教学内容,认为只要把自己所教的专业课带好就是对工作的负责,于是自动忽略对学生人文素质的培养。而且在公办区域的划分方面,学校也是多以专业划分,这样也造成各科教师之间无法有效沟通学生各方面情况。专业课教师与人文学科教师相互分离的教学现状增加学生学习的疲惫感,对人文素质教育越发不重视。第二,教师自身也没有形成应有的人文素质。大部分文化课教师很难做到将趣味性与教学性糅进知识的学习中,在高职学生眼中很多文化课教师对一些文学知识虽然可以侃侃而谈,但却与现实严重脱节。而专业课教师只负责教会学生基本的技术技能,教学内容比较单一,没有其他形式的人文素质教学方式,导致学生只关注技能的学习,而忽略了人文素质的学习。

3.教师人文素质有待提高

第一,高职学校从事人文素质教育的教师总体而言数量不足且质量不高。很多高职学校对人文素质教育课程的专业教师招聘比例过低,也有不少高职学校为了应付国家政策对于人文素质教育课程的要求,降低学校在这方面的开销,很多专业课教师被临时调配,担任人文素质教育课程的教学活动,比如说让数学教师担任德育课程教师的现象时有发生,除了这种方法降低学校教学成本外,高职学校也会从社会上聘请一些教师,外聘教师身在编外,往往不能够全身心地投入到教育教学中,教学质量自然会受到影响。第二,专业课教师人文基础知识欠缺。对于高职学校而言,在招聘教师方面偏重于理工科,很多教师本身就缺乏人文知识,这就造成教师队伍人文素质不高。加之高职学校在人文素质教育方面未能给予高度重视,这就造成教师对自身的人文素质方面放任不管,更是对学生的人文素质教育产生不良影响。

4.人文素质教育教学方法单一

学校开展课堂教学活动,与教师自身所采用的教学方法等因素有很大关系。事实上,很多教师对教学内容的把控停留在书本表面,整个教学活动过程平淡无奇、枯燥乏味,直接影响学生情感、态度、价值观等方面的健康发展。更有些教师不愿积极主动接受新鲜事物,人文知识缺乏和人文意识观念不到位,这样也影响到学生人文素质的提升。另外,一些高职学校开展人文教学活动形式也过于单一,对人文课程重视程度不够,教师在开展教学活动时也往往流于形式,校外实践活动也是少之又少,即使有的学校组织学生开展一些如春游、植树、到敬老院关爱老人等活动,但次数有限,并没有形成长期性、系统性的良性循环,制约了学生社会责任意识等人文素质的提升。

(七)缺少完善的网络教学平台

随着信息网络的普及,上网已成为学校师生生活中最为普遍也最为时尚的一项活动,尤其对于学生而言,手机已是日常必备。为了适应社会信息化的新形势,很多高校开始加强校园网络平台的建设,高职学校也不例外,纷纷加入网络平台的建设与管理中,人文素质教育工作逐渐融入互联网,并得到进一步发展。但是,总体而言当前高职学校人文素质的教育网络化工作还处于起步阶段,仍然存在不少问题。

1.缺乏健全的互联网平台,专门推广、宣传人文素质教育的网站少

许多高职学校为了追赶信息网络技术迅速发展的速度,纷纷加入到校园网络信息平台的建设中来,但是,很多高职学校仅停留在表面,没有后期的完善与有效管理,有的仅仅是对学校的设施、师资、教学、管理等方面做了简单的介绍,而对于人文方面的内容更是少之又少。

2.学校缺乏一个供学生课余学习与娱乐的良好网络平台

高职学生正处于性情活跃的青春期,接受新事物的速度极快,快手、抖音等新生的网络软件都是他们业余的玩乐,但是这些在线网络平台不可避免会受到一些不良内容的侵蚀,容易对高职学生形成负面影响。学校应该抓住学生的心理特点,迎合网络时代发展的速度,加快校园健康网络平台的搭建,宣传积极健康向上的人文精神。

3.人文素质教育网络化形势与内容不够丰富

目前高职学校人文素质教育网络化程度较低。纵观各大高等院校,各个院系会将各类专业课程或是人文课程挂到网上,供学生随时随处学习,而在高职学校这种现象比较少。第一,网络课程开发不够,内容比较单一。第二,制作的多媒体课件质量不高。很多高职学校要求文化课程类教师在上课时要使用多媒体教学。但是,很多教师在教学中使用的课件都是基于自己一个人的理解制作的,单凭个人的力量就想做好一节课的课件不是一件容易的事情,很多课件都无法保证教学质量。

4.人文素质教育的资源利用率并不高

近年来,随着教育信息化的推进,一些高职学校也开始利用网络媒介积极推进人文素质教育,比如建立关于人文素质教育的主题网站。然而,有些学校或因重视度不高,缺乏科学的网络规划和结构设计,或因后期投入的人力、物力、财力不足等原因,导致后期更新不及时,内容单薄,

网页形式过于单一,严重影响高职学生人文素质的提升。

　　值得说明的是,也有一部分学生在人文素质方面的表现是良好的,甚至是优秀的,这值得我们欣慰。这是另一层面的阐述,在此我们不作展开。但综上所述,我们可以得出一个结论,高职学生人文素质低下不是危言耸听,需要引起高职院校和教育界的高度关注,查找原因,对症下药。高职院校人文素质教育任重而道远。

第五章　高职院校人文素质教育的目标体系

第一节　准确定位高职院校人文素质教育的培养目标

一、高职院校人文素质教育的主要特征

高等职业教育与普通高等教育相比较是有不同的,前者更倾向于知识、能力的职业性、人才类型的技术性、毕业生去向的基层性以及培养手段的多样性。这是由高职教育培养目标的复杂性决定的。高职院校人文素质教育的核心是如何做人,它是以人文学科为主要内容,它不是单纯的人文知识的灌输,而是人文精神向个体身心的内化。

（一）高职院校人文素质教育具有职业定向性

高职教育是面向生产建设、管理服务一线培养高素质应用人才的教育活动。要求学生具备较高的现代管理和服务的综合素质,所以,高职院校的人文素质教育必须紧扣学生专业技术这一主题和职业岗位对学生能力、素质的要求来进行,突出职业定向性。

1.人文素质教育培养目标的职业定向性

高职学生最终要面对的是具体的生产实践活动,它有较强的技术要求和具体的岗位内容,这意味着高职学生人文素质的教育过程要以解决学生的职业困惑为价值诉求,培养具有一定专业理论知识、较强技术技能,并能进一步利用技术创新解决生产管理过程中遇到的技术问题,懂技术、会操作的高素质应用型技能人才。在培养过程中要体现对高职学生职业道德素养的关照,要为学生的职业发展打好人文基础。因此,高职学生人文素质教育必须在通常意义人文知识的基础上,抓住以爱岗敬

业、诚实守信和团结协作为核心的职业素质养成。如果高职院校学生人文素质教育脱离实践价值取向，必将造成人文素质教育的虚化和泛化，也就无法培养出适应工作岗位需要的、良好道德素养的人才，也就难以实现职业性的目的。

2. 人文素质教育教学内容的职业针对性

1972年，联合国教科文组织《学会生存》报告中指出："为人们投入工作和实际生活做准备的教育，其目的应该较多地注意到使他能跟得上不断改进的生产方式和工作条件，而较少地注意到训练他专门从事某一项手艺或某一种专业实践。"因此，高职学生人文素质教育的内容要根据社会所需人才素质能力要求、特定岗位职业规范和技术指标，来针对性地增加学生人文素质教育的内容，着重加强学生分析问题、解决问题和创新能力的培养，从而使高职学生具备较强的岗位技术适应能力。职业性不突出的高职学生人文素质教育，很难实现高素质应用技能人才的培养目的，塑造具有深厚文化底蕴、健全人格品性、独立思考与判断能力的高素质专业技能人才也将成为一句难以落实的空话。

（二）高职院校人文素质教育的对象（学生）具有特殊性

高职学生有其自身的个性和特点。虽然大多数高职学生也和大多数本科学生一样，学习努力认真，对生活饱含热情，但两者之间客观存在的差距，仍然使高职学生有所不同。

1. 自信心严重不足，学习的主动性较差

高职学生往往在初高中阶段学习基础就较为薄弱，学习成绩不够理想，进入高职院校多是无奈之举。因此，不论从学生个人的学习情况，还是高职院校的软硬件环境、社会认可度来说，都会导致绝大多数高职学生无法自信地面对这个社会，表现出上进心不足，自我要求较低，理想目标模糊，存在一定的自暴自弃、破罐子破摔的想法，对个人未来发展也缺乏明确的规划。高职院校和本科院校的录取分数线一般都有较大差距，大部分进入高职院校的学生存在不同程度的学习问题，比如自学能力较差、变通能力不强，面对新环境、新问题适应性差，学习的积极性、主动性不强。

2.自我约束和自我管理能力欠缺

大学生活相较于中学生活是丰富多彩的,大学的管理与高中阶段也是天壤之别,这使得自我管理能力较低的高职学生更加茫然不知所措。很多同学在失去了父母、老师的"贴身"管理之后,找不到学习的目标和动力,对待学习容易人云亦云,把大量时间消耗在网吧、恋爱和社会兼职上,总之是浪费在除教室以外的其他场所,学业完全被搁置一旁,完全无法科学地、有规划地管理自己的学习和生活①。

(三)高职院校人文素质教育的开放多元性

高职教育的特点决定了高职院校必须面向社会,服务社会,以服务为宗旨,以就业为导向,走产学结合发展道路,因此,高职院校学生的人文素质教育内容和教育方式注定要开放、更多元。

1.开放性

高职教育的学制设计是在校两年的基础理论、专业技能学习,一年的赴企业顶岗实习,也就是通常所说的"2+1"模式。这一教育模式是高职院校、企业、教师、学生、企业工人等共同参与的教育体系,高职学生从一开始就会通过校内技能实训、校外顶岗实习接触到多渠道的人文素质教育内容,人文素质教育活动贯穿于学生理论学习、技能实训的这个过程,自始至终都是一个开放的过程。高职教育的特殊性决定了高职院校无法脱离社会和用工企业独立完成教育活动。校企合作、工学结合模式使学生直接参与企业的生产实际中,学生在这个过程中对企业管理和企业文化深有体会。因此,高职学生的人文素质教育活动不是仅仅停留于书本、教室和校园,它是开放和多样的。

2.多元性

21世纪是信息化的全球时代,全球一体化对现代高职教育带来了前所未有的冲击。高职院校的教育理念理应对传统与现代、全球视野与本土文化的融合有所反映。在不同文化的课程之间建立起理解和宽容的精神,尊重并欣赏不同民族的语言、文化、哲学和思维方式,高职学生人

①王升.民族地区高校人文素质教育的目标及培养途径研究[J].赤峰学院学报(自然科学版),2014,30(2):191-193.

文素质教育在注重学生对本民族优秀文化和人文精神学习了解的同时，还肩负着对传统文化赋予新的时代精神，并促进"传统"与"现代"的融合，实现与现代的对接冲击，强化本土文化与全球视野的融合。由多种文化要素构成的多元化的世界才是真正有活力的，当务之急是要在知识界造成一种良好的风气，补上"放眼世界"这一课，关注世界大潮流的发展变化，了解和认识这世界上其他人的文化，学会解决处理文化接触的问题，为全人类的明天做出贡献。

二、高职院校人文素质教育的目标和途径

高职院校人文素质教育活动的出发点和归宿是人文素质教育的目标，它支配、调节、控制着人文素质教育的全过程。高职院校的人文素质教育活动都要围绕所设定的人文素质教育目标进行，相关人文素质教育措施也都是为实现高职学生人文素质教育目标而服务的。

（一）高职院校人文素质教育的具体目标

高等职业院校人文素质教育不仅要有普通高校人文素质教育的一般性目标，更要有适合高职院校的特殊性目标，要将培养既有人文素质又具科学精神的高素质创新人才作为根本任务，最终使学生成为全面发展的应用技能型人才。

1. 培养优秀的思想政治素质

高职院校肩负着为国家培养高素质技能人才的重任，而人才培养的政治导向性至关重要。高职学生思想政治素质教育是高职院校人文素质教育的方向保证。思想政治教育的目标就是要使学生具备优秀的思想政治素质。思想政治素质是指学生的世界观、人生观、价值观、政治立场、政治信念和社会主义思想等。当前国际国内形势风云变幻，高职院校有责任和义务帮助学生树立正确的世界观、人生观和价值观，使其坚定社会主义发展方向、坚持中国共产党的领导，坚定对国家的认同和对中华民族的热爱，坚定全心全意为人民服务的人生追求，确立为建设有中国特色社会主义事业奋斗终身的远大理想。

2.培育良好的道德品质

第一，道德品质教育是高职院校人文素质教育的基础。优秀人物对时代和历史进程的意义，在其道德品质方面，也许比单纯的才智成就方面还要大。高职学生毕业后，绝大部分是直接进入生产、建设一线工作，他们道德品质的高低直接决定着其为社会提供的产品和服务质量的好坏，也直接影响社会整体道德水平，并影响我国经济社会的发展，进而影响全面建设社会主义现代化国家的历史进程。因此，高职院校人文素质教育要特别注重学生的道德品质教育，要着重培养学生爱岗敬业、踏实肯干、谦虚好学、乐于奉献、安心基层、吃苦耐劳和与人合作的优良品质，着重培养学生的敬业奉献精神和与市场经济规则相关的纪律意识、诚信意识等，夯实学生的职业道德素养和"与人为善，合作共赢"的人际关系理念，从而达到强化高职学生社会责任感和角色意识的教育目的。

第二，职业道德教育是人文素质教育的关键，包括职业素质和职业道德。培养学生良好的职业道德、职业素质，是当前高职院校学生人文素质教育的实际需要，具有基础性的地位。职业素质是指人们从事劳动时表现出的包括管理能力、责任意识、工作态度、沟通学习能力、团队合作意识在内的一种综合素质。职业道德是指人们从事某项工作时表现出的道德规范，包括爱岗敬业、诚实守信、公平公正和服务意识。结合高职学生的实际，培养学生把自我发展自觉融入社会发展之中，树立大局意识和整体观念，积极投身到建设中国特色社会主义事业的伟大实践中。

3.培养良好的文化修养

高职院校人文素质教育的主题就是要培养学生良好的文化修养，利用多种多样的教育形式对学生进行系统的文学、历史和艺术等人文社会科学的教育，培养高职学生具备良好的审美能力、语言表达能力、创新能力以及自觉追求真、善、美的精神。另外，需要开阔学生的视野，向学生介绍更多的文化和人文现象，从而激发他们掌握人文知识的兴趣，并在此基础上建立人文知识体系，形成人文思想，掌握人文方法，从而形成良好的人文底蕴。

4.培养健康的身心素质

我们通常意义上的身心健康是指身体健康和心理健康两个方面。对于高职学生而言,心理健康问题相对于身体健康问题更多。高职学生正处在身心变化的敏感时期,加之在以往学业上经历过较多挫折,很容易使他们在面对感情、就业等情况的时候出现心理问题。同时,培养学生热爱生活、热爱自己、热爱他人,善于合作、乐观积极的精神和坚韧不拔的品质,从而提高学生自我认识的水平,矫正不好的心理和性格品质,预防心理疾病的发生,努力培养健全的人格,并逐步完善丰富自己。这些问题的解决,就是人文素质教育体系中心理健康课程所需完成的任务。

5.培养学生的审美能力

审美能力是人全面发展的综合能力的重要方面,并具有重要作用。高职院校要开展以培养学生审美能力为主要目的的文学、艺术教育,通过对古今中外优秀文学作品、艺术作品的欣赏品鉴,培养学生对文学艺术的领悟能力,对美的感受力和创造力,进而培养学生高尚的情操。美学带给学生对感性世界的认知,对促进学生身心健康大有裨益。培养学生对美的感悟可以使学生精神饱满、积极向上,审美能力的提高还有助于学生突破技术本身的限制,在产品研发等工作中,融入更多的艺术灵感,给设计赋予人性化,有助于其本职工作的开展。

高职院校人文素质教育的目标相互联系、不可割裂。这些目标的实现不可能一蹴而就,它在于高职学生的日常点滴积累,也是一个贯穿高职学生学习、工作和生活始终的长期过程。

(二)高职院校人文素质教育的基本途径

高职院校人文素质教育在促进学生身心和谐发展上具有导向作用。高等职业院校要坚持育人为本,德育为先,把立德树人作为根本任务。要高度重视学生的职业道德教育和法制教育,重视培养学生的诚信品质、敬业精神和责任意识、遵纪守法意识,培养出一批高素质的技能型人才。高职院校人文素质教育的基本内容如下。

1.道德教育

（1）政治素质教育

政治素质是个体政治立场、价值观念、人生态度和国家观念、民族意识的体现。高职学生的政治素质教育就是要以马克思列宁主义、毛泽东思想、邓小平理论、"三个代表"重要思想、科学发展观和习近平新时代中国特色社会主义思想为指导，对学生进行拥护中国共产党的领导、坚定社会主义信念的教育，使学生能够自觉抵制不良思想的侵蚀，能明辨是非，能在大是大非问题上维护民族、国家权益。同时，培养学生的法制观念，增强法律意识，做到知法、懂法、守法，自觉维护公平正义。

（2）思想道德教育

思想道德教育是高职院校道德教育的基础。要对学生进行以社会主义荣辱观为主要内容的思想道德教育，要教育学生养成正确的道德观念和崇高的道德理想，树立正确的人生观、价值观和生命价值意识，尊重他人的权利、人格和自由。通过对学生志趣、情操的培养，健康人格的塑造和个人价值实现的教育，培养学生重视生命价值意义、自觉维护自身人格尊严、正确认识自己、实现自身全面发展。任何政治思想教育、道德伦理教育、真善美教育、科学教育等等，要想取得实效，都必须以人性教育为前提。一个高尚、理性、有修养的人是道德教育实现的前提。教育学生志存高远、遵纪守法、诚实守信、担当社会责任，最终实现人生境界和思想道德的提升。

（3）职业道德教育

目前，我国社会正处在转型时期，市场经济体制尚未完全建立，相关法律法规不够健全，社会上存在着许多道德不良行为，这些对高职院校学生产生了巨大的负面影响。"人无信不立"，诚实守信是中华民族的传统美德，是为人处世的基本准则，也是高职学生步入社会、从事某项职业的立足点。同时，目前的高职学生普遍缺乏吃苦奉献精神，对待工作散漫随意，一些学生将跳槽当成"家常便饭"。因此，对高职学生进行以"爱岗敬业，诚实守信"为主要内容的职业道德教育就显得非常必要。教育他们树立正确的就业观、职业观和成才观，注重责任意识教育，养成脚踏实地的实干精神。此外,还要着重培养高职学生的团队意识,使他们能够在工作单位建立良好的人际关系,融入工作团队,有责任、有担当,更快更好地成长成才。

2. 文化素质教育

文化素质教育是人文素质教育的基础,优秀的创新人才必须具有广博而深厚的文化底蕴,扎实而牢固的文化素质基础,科学的思维方法,能够正确处理社会问题,把自己和谐地融入社会之中。高职学生文化素质教育的内容包括文学、社会科学、艺术、自然科学知识。利用古今中外优秀的文化成果对学生进行文化素质教育,提高高职学生的人文基础知识,倡导爱国主义、集体主义和社会主义思想,学会把握人生的成长道路和奋斗目标,自觉抵制拜金主义、享乐主义和极端个人主义,将文化素质教育和思想道德教育结合起来,实现学生文化素质的提高。

3. 创新素质教育

创新素质主要包括创新精神、创新意识、创新思维、创新方法和创新能力。创新素质教育是高职院校人文素质教育的核心,是学生科学素质和人文素质在社会经济文化活动中的综合体现,反映着高职学生对所学知识综合运用的能力。通过创新素质教育的开展,提高高职学生的创新创业能力,使学生更好地适应社会发展的需要。

4. 审美教育

高职院校的审美教育是以培养学生健全人格为宗旨的情感教育。审美教育有利于学生文化视野的拓展、艺术素质的提高,有利于学生健康丰富感情世界的培养,有利于学生智力素质的提高和思维的全面发展。通过审美教育直观、形象的感染,使学生自觉净化心灵,自觉将社会道德规范内化为个人的信念。高职院校的审美教育,其最终目的是培养学生感受美、认识美和创造美的能力,从而使学生能够辨别善恶、美丑,使审美心理结构趋于完善,人格趋于完美,身心获得全面发展。

5. 心理素质教育

心理素质教育与文化素质教育紧密联系,健康的心理素质对人的整体素质的提高具有积极的主观能动作用,心理素质的高低直接影响着个体身体素质和文化素质的发展水平。高职院校心理素质教育的主要内容:第一,学生心理健康知识的普及和心理健康的维护。主要是对学生开展以心理潜能教育、心理适应性教育、情绪管理、性心理健康教育、情感教育、人格教育为主的心理健康基本知识普及。第二,对学生心理问题的矫正。主要是对学生在学习生活中出现的心理方面的各种适应问题、情绪问题、常见行为问题的化解,以及针对性的指导。第三,学生心理潜能和创造力的开发。通过心理学的教育训练活动,对学生进行判断能力、推理能力、逻辑思维、直觉思维、发散思维及创造思维等各能力的训练和培养,同时包括对学生自我激励能力的训练等,用以提高学生创造的自主意识与能动性。

高职院校人文素质教育是有机的整体,各部分内容的开展都会促进其他素质教育的发展,彼此相互渗透、相互依存,缺一不可。高职院校在学生人文素质教育实施的过程中,要注意各部分教育内容的辩证统一,不可顾此失彼。

第二节　合理设置高职院校人文素质教育的课程体系

构建科学合理的高职院校人文素质教育体系是复杂系统工程的重中之重,对于高职院校人才培养具有重大意义。

一、人文素质教育课程的构建策略

高职教育有着诸多特点,比如学制较短、实践和实训类课程所占比重大,高职院校的人文素质教育课程体系的构建要根据这些特点进行科学设置。

(一)设置合理的课程结构

高职院校的"显性课程"和"隐性课程"构成了人文素质课程的关键两部分。人文素质显性课程诸如"思想道德修养与法律基础""心理健康教育""形势与政策""职业道德与职业生涯规划"等人文素质核心课程,还有文学、历史、哲学以及艺术等方面的课程,以及由交叉学科衍生出的一些新型的课程和学科类的人文素质拓展课程。人文素质隐性课程即非正式课程,在课程计划中未明确陈述的,是以教育环境、组织活动、校园文化、精神氛围等方式存在。"隐性课程"的作用是在不知不觉中对学生的价值观念以及行为方式产生影响。高职院校的特殊性,造成了其文化内涵的缺失,更应该给学生开设更多、更优、更合理的"隐性课程"。

(二)探索多样化的人文素质课程形式

顶岗实习等实践性教学内容丰富也是高职课程的一大特色,为了让学生在学校期间也能尽快地适应企业实习,接触到很多有关企业知识。把优秀的企业文化引进校园也是高职人文素质教育在内容和形式上的一种必然选择,这样学生就能足不出户地学习国内外优秀企业文化与企业精神,培养学生的创业精神、实干精神、奉献精神、团结精神,为以后的实习和就业打下坚实的基础,同样也让学生看到自己与企业正式员工的差距,加强紧迫感与动力感,有利于学生综合素质的提升。除此之外,开展多种形式的文化艺术活动也是必不可少的。通过开展丰富多彩的课外文化艺术活动,让学生参与到活动中来,这对于培养学生审美能力,陶冶学生情操,提升学生情商无疑帮助巨大。在此期间,学生还能享受到集体活动所带来的乐趣,提高沟通、协调与合作能力,同时促进学生心理健康发展。

(三)优化教学方法

相比于专业技术教育,人文素质教育更强调学生作为主体的精神体验和文化感受。人文素质教育的内容追求知情意三个维度的协调和有机统一,不仅强调人文知识和能力的培养,而且强调情感态度价值观的形成,因此,人文素质教育的教学方法要突出学生的主体地位,注重学生知情意的协调发展以及强调人文精神引领的作用。在教学中应结合课程特点和内容采取不同的教学方法,如活动教学法,建立第二课堂,引导学生参加各种校内外的实践活动,包括社会实践、公益活动、生产实践和文化活动等。教学中学生参与性高,教学效果明显。网络教学法则是发挥信息技术的优势,加强教师和学生的联系,构建网上人文教育平台。

二、人文素质教育课程体系构建

(一)人文素质教育课程体系设计

人文素质教育课程体系设计是高职院校人文素质教育开展的基础。它不仅是高职院校人才培养目标的载体,更是高职人文素质教育质量的关键和保障。因此,科学合理的人文素质课程体系决定了高职院校人文素质教育的效率质量。为此,高职院校的人文素质课程体系就要紧密围绕高职学生来进行规划设计和合理配置资源。结合高职院校人文素质教育模式,按照一般课程的设计规律,结合学生的特点,我们分别从课程体系目标、课程内容体系和考核评价体系三个维度对课程体系进行了规划研究。

(二)人文素质教育课程体系目标

高职院校人文素质教育培养模式是由社会环境、时代发展、政府、企业、学校和学生等因素决定的。培养具有"一技之长+综合素质"的高素质创新型技术技能人才是职业教育的目标,换句话讲,我们的职业教育就是要培养"高素质的技术职业人"。而培养人才的首要任务就是要培养人的素质,例如,个人修养、道德素质、世界观、人生观和价值观等,同时,培养技术职业人包括其待人处事、适应社会、职业道德和创新创业等方面的能力,要求从这几方面对学生进行人文素质的培育。根据课程体系设计,院校将其课程体系目标分为培养目标、教学目标和评价目标三类,并结合高职学生在校学习、实习和实践分别进行规划设计,理论联系实践,从而确保目标得以实现[①]。

(三)人文素质教育课程内容体系

从目前来看,全国高职院校人文素质课程内容,大都开设了人文、艺术、语言、思想政治、心理和职业规划类等素质课程,种类多,样式全,可供学生学习的内容比较全面。但是,从实际开设效果的调研来看,现实

①刘玉.高职院校人文素质教育课程改革初探[J].南京广播电视大学学报,2017(2):50-53.

中存在课程层次性不明显、系统性不够、随意性较强和没有紧密结合高职院校和学生的实际,没有形成自己学校特点等问题。同时,由于高职院校普遍是"2+1"或"2.5+0.5"三年制的教学安排模式,其实也就是分了学校的课堂学习和社会实践两个课堂,如何在人文素质课中有效地结合学生学习特点,按照几个学期对课程进行合理设计,由浅入深,层层推进,完善课程体系,就成了人文素质教育的基础保障了。通过对高职高专院校的人文素质教育课程的调研,有针对性地解决课程体系存在的难点问题,按照学生成长规律和学校课程教学实际,我们构建了第一课堂课程内容、第二课堂课程内容、其他课程内容以及课程平台建设,从几个方面进行设计,构建了第一、第二课程内容相结合的"理论+实践+平台"的高职人文素质课程内容体系。

(四)人文素质教育课程考核评价体系

当前,高职院校对专业课程已经形成了科学完整的评价考核体系,但是对人文素质的考核评价还存在一些问题,主要是量化评分的问题以及考核对象和效果的问题等,因为人文素质课程不同于专业课程,除了对人文素质知识的学习和掌握,更多的是对知识的理解、理念的内化、精神的领悟、行动的表现等方面,因此不能够仅仅凭一份试卷来决定人文素质教育的教学效果,这也决定了人文素质课程的考核评价应该采用多维度、多途径、全面客观的考核评价方式。这就需要我们从评价内容和标准、评价方法和手段、评价结果及应用等几个方面进行全面考量。结合高职院校的"综合素质+一技之长"、产教融合的课程特点,高职院校人文素质考核评价体系应该建立起"校—企—生"三个维度的综合评价体系:第一,教师对高职学生的人文素质的评价。第二,高职学生自我评价。第三,实习或者就业的企业对高职学生人文素质进行评价。解决了学生课堂学习人文素质知识情况评价,学生对人文素质自我理解吸收和内化的评价以及企业对学生表现出的综合素质和能力的评价。通过"校—企—生"三个维度的评价,可以更好地评估人文素质培养课程体系,并进行持续改进。

第三节 科学完善高职院校人文素质教育的评价体系

评价体系在任何一种思想研究中都是重要的组成部分之一,因此对于高职院校人文素质教育体系研究亦是如此。在查阅的资料以及相关文献中,有关高职院校人文素质教育评价的表述和研究很少。为此,笔者认为,深化对高职院校人文素质教育评价体系的研究和表述必不可少。高职院校人文素质教育是一个长期的过程,必须从制度上加以推进和保障,只有这样,才能为社会主义建设事业培养合格建设者和可靠接班人。

一、高职院校人文素质教育评价的内涵及价值

对人文素质教育评价内涵和价值的了解,就相当于打开了人文素质教育评价体系的一扇门,知道了人文素质教育评价是干什么的,才能够进行下一步的安排和研究。

(一)高职院校人文素质教育评价的内涵

人文素质教育评价是在教育评价、素质教育评价基础上发展形成的。教育评价的概念产生于1933年,美国的进步主义教育联盟组织泰勒教授等进行了多年研究,提出教育评价是"一组给定的学习者的期望与实际学习效果之间的比较"。

素质教育评价体系,是指依照素质教育的目的、要求和教育的原则及其价值标准而建立起来的对受教育者的发展变化及构成其变化的诸种因素所进行的价值判断的一系列的方法、标准和规定。笔者认为,人文素质不仅包含思想道德品质、人文知识,还包括一个人在社会活动中,不断地通过各种教育所获得的一种综合的素质。根据其行为特征,包括内隐和外化两个维度。内隐包括各种人文知识、人文精神,外化体现为各种人文行为,是综合了文化、心理、思想、情操、气质、个性、语言、情感、知识、仪态等方面的总体素质。对人文素质教育的评价,即对被评价体系

所培养出学生的内隐和外化维度进行评价,以获得该教育体系的培养效果。

人文素质教育评价的任务是评价高职院校人文素质教育的效果,目的在于提高人文素质教育水平,评价的中心环节包括被评价的人文素质教育体系所培养的学生的人文素质水平。因此,人文素质教育评价是指按照一定的价值标准,对受教育者人文素质的发展变化及构成其变化的诸多因素所进行的价值判断。任何一种人文素质教育措施的广泛实施,都需要首先基于科学的证据、该人文素质教育措施效果的评价和适用性分析。

高职学生的职业选择对人文素质具有较高要求,高职院校如何提供有效的人文素质教育、现有人文素质教育体系效果如何、对高职学生人文素质的提高是否具有意义,这些问题都需要进行人文素质教育效果评价。人文素质教育评价体系的确立,对于评价教育效果,为学校的教育决策和教学改革提供科学的依据。对更新教育思想,转变教育观念,拓宽教育渠道,整合教育资源,优化培训方案,深化教学内容和课程体系的改革,提高教育质量和效果有重要意义,对培养符合时代要求的具有较高人文素质的人才至关重要。

但是,当前尚缺乏公认的人文素质教育评价体系,大多数文献围绕人文素质教育的目标、原则、意义进行阐述。提高人文素质教育效果,科学地对人文素质教育措施、方法进行评价是前提。对此,笔者将根据人文素质的内涵,人文素质教育的目标,提出人文素质教育评价体系,包括评价内容、评价方法、评价指标,为今后进行人文素质教育提供科学范例,以促进高职院校人文素质教育质量的提高。

(二)高职院校人文素质教育评价的价值思考

高职院校人文素质教育评价体系作为高职院校人文素质教育的整体内容的重要组成部分,有着不可替代的作用。思考高职院校人文素质教育评价体系在高职院校人文素质教育教学中扮演着怎样的角色、有着怎样的价值,一方面能够帮助我们更好地掌握高职院校人文素质教育教学实效性、高职学生在接受人文素质教育后有着怎样的收获;另一方面能够帮助我们更准确地理解高职院校人文素质教育评价体系的作用和意义。

1.揭示高职院校人文素质教育价值,科学确立人文素质教育地位

人文素质教育作为高职院校教育教学工作中的重要部分之一,其在教育教学中的重要性与地位是不言而喻的。自人文素质教育在我国教育界出现开始,我国就在不同程度上重视人文素质教育,尤其是中国特色社会主义进入新时代以来,尤其强调要加强对学生的人文素质教育问题。理论问题上的完善并不意味着实践上的与时俱进,因此,人文素质教育在高职院校的具体实践与我们国家对职业技术人员的人文素质情况总是存在着一定程度上的差距。可以这样说,人文素质教育在我国的教育教学以及教育改革中的确发挥了重要作用,体现出了其重要价值,但其科学地位并没有在高职院校师生的头脑中牢固地确立起来,因而常常摇摆不定,绝大多数课程仅仅停留在理论层面,老师抱着"上一上完成任务就可以",学生抱着"听一听就得了,拿到学分就行"的态度上课。有时,高职院校教育凌驾于一切工作之上,有时又可有可无甚至靠边站。"一手硬、一手软"的状况没有根本改变,这里的关键是人们是否真正理解或把握人文素质教育的现实价值。不难理解,人文素质教育对人的发展和社会的进步具有重要价值,但高职院校师生能否认可和实现人文素质教育的价值又是另一回事,当然,认可这一价值的可能是少数人(学者和教育者);全面理解和认可这一价值是一回事,科学地揭示和把握这一价值又是另一回事①。

研究人文素质教育评价,就是要从理论上弄清人文素质教育评价的基本原理与技术、方法,从而科学地揭示出人文素质教育的价值。当不同时期、不同阶段和不同领域的人文素质教育对不同的个人、群体或社会的价值,如经济工作、文化工作和科技工作的价值,能够得到社会的公正评价和认可时,就可以确立经济工作、文化工作和科技工作相应的地位。当然,由于人文素质教育本身的复杂性,要科学地揭示它是有相当

①王哲.高职院校人文素质教育评价体系构建[J].知识文库,2017(15):184.

难度的,但并不是不可能的。我们不能因此回避它,或者想当然地、主观随意地进行评价,或者通过政策、文件口号式地进行评价,唯有加强人文素质教育评价的理论研究才是正确的途径。

从具体实践来看,长期以来,正是由于缺乏科学的人文素质教育评价,人文素质教育的价值不能及时、客观、公正地反映和体现,因此人文素质教育始终处于言说的情境中,做是次要的,忙是没有必要的。尤其是对于高职学生来说,他们往往看不到人文素质教育的客观效果和价值,认为人文素质教育中的教学是可有可无的,所以他们自然就会置身事外。同时,社会上在入学、就业、招聘、晋升和录用中对人文素质缺乏客观、科学的评价(除非是有明显的违法违纪记录,否则这方面的因素常常被忽略,或者简单地以业务素质取而代之),因而,无论是高职学生人文素质教育方面的自我修养还是社会、学校、家庭对于个别高职学生或高职学生群体人文素质方面的教育都显得投入不足,甚至某种意义上人们认为根本就没必要在这方面投入。由此可见,加强人文素质教育评价的研究,有利于从根本上改善社会、家庭、学校及个体对人文素质教育的忽视问题,推进其对人文素质教育教学工作的自觉改进和个体自我修养的主动加强,进而强化人文素质教育教学的内部机制与功能。

2. 改善人文素质教育管理决策机制,提高人文素质教育的有效性

开展人文素质教育教学评价理论的研究,实施科学的人文素质教育教学评价,是国家、社会、学校加强对高职生人文素质教育教学管理的迫切需要。要对人文素质教育教学进行科学管理,就要对所管理的对象实施客观的评价,以便为国家、社会和高职院校的各项人文素质教育教学决策提供科学的依据。例如,人文素质教育教学实行什么体制和机制,按多大比例配备人文素质教育教学的专兼职人员,应有多大的投入等,对于这样一些重要问题,都必须经过科学的、客观的评价,否则,是无法决策的。2004 年 8 月 26 日,中央颁发的《中共中央国务院关于进一步加强和改进大学生思想政治教育的意见》(中发〔2004〕16 号)提出的在综合分析大学生思想政治教育面临的新形势的基础上,科学、客观地评价以

往思想政治教育工作,提出了加强和改进大学生思想政治教育的一系列战略决策。人文素质教育也是如此。具体到各高职院校,如人文素质教育与教学的规划、改革方案、机构设置、人员安排等也必须确定,这些问题的决策也需要科学证明和客观评价。需要指出的是,以往类似问题的决策主要是经验决策,一般依靠校领导或人文素质教育者个人的知识、阅历和智慧做出,虽然带有评价的性质,但显然不是科学的评价,因此是有一定局限性的。现代科学技术的进步和社会的发展对人文素质教育教学提出了新的更高的要求,人文素质教育教学要尽可能做到科学决策,而科学决策必须建立在科学的评价基础之上。

此外,人文素质教育评价也是人文素质教育教学过程中不可或缺的一个环节,在人文素质教育的全过程中起着调节作用。不仅为教学目标的确立、内容的确定和方法的选择提供了客观依据,而且对结论进行了评价。高职院校的校领导或专业人文素质教育研究部门可以采取相应的奖惩、指导、规范等行政措施予以体现,形成人文素质教育发展的外部动力。同时,评价活动对人文素质教育中教师的价值判断和价值取向的影响,可以形成更为深远和持久的内在驱动力,从而提高人文素质教育在形成人文素质教育的内外动力和教学发展中的有效性。人文素质教育评价是人文素质教育教学工作的衔接点,也是人文素质教育教学工作与人文素质教育价值的衔接点。因此,加强对人文素质教育评价的研究,可以进一步加深对人文素质教育过程的认识,不断提高人文素质教育的前瞻性、针对性和实效性。

3. 动态把握人文素质教育的发展,深化人文素质教育的改革创新

回顾人文素质教育教学工作在我国的发展历程,有取得的辉煌成绩,也有忽视人文素质教育而重视专业知识的现实。人文素质教育在我国的教育发展中一直是一个充满矛盾的教育话题。但是,面对新形势、新情况,人文素质教育教学明显还不够适应,存在不少值得研究的新课题。教育家、学者、教师都不约而同地提出,人文素质教育教学需要改革、需要创新。于是乎,关于人文素质教育教学改革与创新的理论研究文章不

断在报刊上发表,人文素质教育教学改革的创新措施也在不断尝试,但实际效果往往不尽如人意。有人认为人文素质教育本身缺乏科学性是主要原因,有人认为是人文素质教育的改革与创新,无论是理论研究还是实践探索,都没有找到问题的核心,都是空洞的讨论和盲目的实践。这些分析无疑有其合理性,但如果仅从这些原因出发,说明当前高职院校人文素质教育改革与创新的实际效果并不明显,针对这些情况提出相应的对策和措施,可能只会重蹈覆辙,人文素质教育在重视、加强和改革创新的舆论中被弱化、搁置。

究其原因,最根本的是缺乏科学的人文素质教育与教学评价机制,无法把握人文素质教育与教学的整体发展动向,即不能客观地认识人文素质教育教学的效果和价值,不能真正区分影响人文素质教育有效性的复杂因素,也不能把握人文素质教育各因素与人文素质教育效果和价值的内在联系。人文素质教育改革的突破口在哪里,重点和难点是什么,只有通过科学的人文素质教育和教学评价才能把握。因此,我们必须转变思维方式,不为改革而改革,不为创新而创新,认真开展人文素质教育教学评价的理论研究,掌握人文素质教育教学评价的基本原理与方法,正确地实施人文素质教育教学评价,从而为人文素质教育教学的改革创新提供科学的依据。

4. 拓展人文素质教育的研究视野,加快人文素质教育的学科建设

纵观20世纪80年代至今人文素质教育在我国的发展历史,不难发现,我国对人文素质教育的研究主要依靠主观思辨和经验描述,缺乏坚实的科学依据,这也是一些学者有时对人文素质教育的科学性质疑的原因。国外社会科学研究取得突破性进展的一个重要原因是,他们善于在科学事实资料的基础上建立自己的研究。因此,我们应充分认识人文素质教育教学评价研究的方法论意义及其科学化过程对整个人文素质教育教学建设的意义。

第一,人文素质教育的教学评价是建立和完善人文素质教育学科理论体系的需要;人文素质教育是一门高深的学问,但就其课程建设的科

学性而言,尚处于探索阶段,缺乏对以往经验和数据的系统总结,尤其是缺乏科学的定量分析,许多经验和感性认识还没有上升到理性认识。马克思曾指出,只有科学成功地运用数学,才能达到真正的完美。人文素质教育的教学评价以马克思主义认识论和价值论为哲学基础,运用教育统计学、测量学、模糊数学、计算机技术等相关学科的理论和方法,必将进一步拓展人文素质教育研究的视野,促进人文素质教育课程理论体系的建立和完善。

第二,人文素质教育的教学评价也是高职院校人文素质教育课程持续专业化、科学化的必然要求。人文素质教育教学评价以人的发展和社会发展的需要为尺度,对现实的人文素质教育进行价值判断,使人们摆脱盲目的被动,走向自觉的活动,不断挖掘人文素质教育的价值。人文素质教育的教学评价以人类和社会发展的需要为尺度,对人文素质教育持续发展的价值进行价值判断(高级价值判断),使人们预测和确定自己的努力方向,找出什么样的人文教育应该争取(或放弃),进而促进人文教育的不断专业化。最后,只有通过对人文素质教育的教学评价,才能规范人文素质教育的活动,实现人文素质教育的价值,避免人文素质教育的无价值,从而促进人文素质教育的改革和发展,满足人的发展和社会发展的需要。

二、建立健全评价与保障机制

高职院校人文素质教育需要经过漫长岁月的考验,要从制度与体系上加以促进、保障,只有这样才能为社会主义建设事业培养出众多合格的劳动者、优秀的社会主义建设者和接班人。

(一)建立科学的考核评价机制

人文教育的终极目标是使学生将人文知识内化为人文精神和做人、做事的基本素质。应建立一套评价机制,激发学生自觉、积极地加强学习,既要自觉地把人文教育转化为自我教育,又要提高人文素质。以有利于学生自觉提高人文素质,取得满意的学习效果,并体现在学生的日常生活和学习中。因此,对学生人文课程学习的评价不要仅停留在对学生的接受或掌握的评价上,还要将学生的实际行动融入相关的评价体系中。

目前,我国高职院校人文素质教育评价存在三种主要方式:第一,人文素质教育是以辅修课或选修课的形式进行的,教学目标明确,学分确定后,学生可获得相应的单科证书和学历证书;第二,作为开卷或闭卷考试的必修课,学生不达标或不及格,不得毕业;第三,采取课程评估与学生参与社会实践相结合的方法,借鉴香港、台湾等地的实践,规定学生每学期参加一定时间的社会公益活动,并由相关机构出具考核意见书,达到所要求的加分小时数,考核结果和成绩直接影响考核、晋升、入党甚至作为硬件指标,作为是否允许学生毕业或学生综合考核的依据。

一般来说,上述三种评价方法各有优缺点。前两种方法简单易行,是教师愿意采用的评价方法,但笔者认为,这种思维方式下的人文素质教育是一种改变了的人文素质教育,因为在这种思维方式下,教师往往会在教学过程中传授更多的知识,增加学生的课业和学业负担。不能加强对学生人文精神的思考和培养,甚至在一定程度上增加了学生学习的功利色彩,收效甚微,甚至适得其反。第三个考核评价机制考虑到学生的社会实践活动,具有科学性和合理性,然而,这种评价机制也有一定的负面影响,如学生受教学管理制度的压力,经常弄虚作假,这在一定程度上会使学生感受不到人文精神。更多的是对这种评价方法的不满和无奈。

建立一种科学、现实、可操作的评价体系,笔者认为务必遵循以下三个原则:第一,机制的制定应着手于学生对人文知识的学习,以激发学生对人文精神追求的强烈愿望为立足点和落脚点。第二,评价标准应是多方面和多维度的,不应量化、细化、固定、程序化和模式化。如学生的人文素养、人际关系、公益活动、社区活动、文化体育活动、艺术、演讲比赛、人文社会科学知识竞赛活动的参与和表现等,可作为评价的参数,可由教师或学生相互评价等方式进行。第三,人文素质的评价不应该给学生造成过重的负担和压力,而应该体现一种人文关怀。例如,必修课、选修课和辅修课的考核,可以采用论文与社会实践相结合的形式进行,这将影响学生的综合考核成绩,但不会影响学生的初次考核、毕业和就业。

（二）要建立可靠的社会保障机制

高职院校人文素质教育能否有效实施,必须依靠全社会的共同关注和共同参与。加大教育投入,推进办学条件现代化。高职教育应在社会资源配置中占有更大的比重,为高职院校的素质教育提供坚实的物质基础。同时,要避免陷入高投入、低产出模式的陷阱,立足于与高职院校发展相适应的新途径,有效地将以片面的就业教育为中心,转变为以人的全面、自由发展为中心的素质教育,形成社会投入与高职院校培训回馈社会的良性循环。这将大大提高高职教育投资的社会效益和经济效益。

1.形成正确的社会价值取向

美国学者托马斯认为,人的态度必然有其对象,因为所谓态度不是独立的现象,而是与对象相对存在的,这个对象就是社会价值。社会价值包括正面价值和负面价值。社会中所有的制度、信仰和设施都是社会价值。态度是社会价值的主观方面,而社会价值是态度的客观方面。所有的社会价值都可以是态度的对象,个人可以是所有社会价值的态度对象,个人可以表达所有社会价值的态度。谢春涛的博士论文中指出,我国同时存在三种价值观:第一,与计划经济体制相适应的集体主义价值观;第二,随着市场经济体制的逐步建立,形成的重功利、重人才的价值观;第三,西方文化影响下形成的极端利己主义和绝对功利主义价值观。价值观的多样化导致了各种不同性质的价值观并存,集体主义价值观与超个人主义价值观并存,服务人民的价值观与拜金主义价值观并存等。不同价值目标的并存也对社会主义主导价值观造成了冲击,形成了一些人价值虚无和迷茫的局面,导致了价值失范现象。由于市场经济固有的负面效应和一些学校忽视精神文明建设,价值观偏离了正确的轨道,物质欲望泛滥,个人主义和拜金主义盛行,社会风气恶化。全社会要积极弘扬爱国主义和集体主义,加强理想信念教育。

2.加强高职院校社会主义核心价值观教育

2012年11月党的十八大报告明确提出:"倡导富强、民主、文明、和谐,倡导自由、平等、公正、法治,倡导爱国、敬业、诚信、友善,积极培育和践行社会主义核心价值观。""这'24个字'是社会主义核心价值观的基本内容,为积极培育和践行社会主义核心价值观提供了基本遵循"。

2013年12月,中共中央办公厅印发了《关于培育和践行社会主义核心价值观的意见》,明确指出:"坚持育人为本、德育为先,围绕立德树人的根本任务""把培育和践行社会主义核心价值观融入国民教育全过程"。高职院校在培育和践行社会主义核心价值观方面负有重要职责。这就迫切需要在高职院校加强社会主义核心价值观的认知教育、认同教育,提升高职院校学生对社会主义核心价值观的理解和践行水平。

高职院校学生是社会主义文化的重要体现者和传承者之一。用社会主义核心价值体系教育大学生,帮助他们坚定建设中国特色社会主义的信念,对改革开放和现代化建设的信心,对党和政府的信任,能够为大学生的健康成长注入强大的精神动力,他们走上社会之后,将对整个社会的思想文化建设起到积极的带头作用。这既可促进我国社会主义文化建设的进程,又可使大学生更加适应社会发展,真正成为建设社会主义事业的生力军。加强大学生社会主义核心价值观教育,是中国特色社会主义事业长远发展的战略要求,是党赢得青年、培养青年的重要手段,也是新形势下高职院校思想政治教育创新的现实要求,更是当前高职院校思想政治教育面临的重大课题。

3.加强教学管理,引导学生自觉学习人文课程

第一,要结合专业教学调整教学计划,增加人文学科的必修课数量;第二,要挖掘教师的潜能,为教师配备有效的设备,有目的地增加人文教育的选修课,建立灵活多样的选修课制度,鼓励和引导学生选修。同时,要求和鼓励教师改进教学手段和方法,提高教学水平,增强人文的趣味性和吸引力,提高学生自觉学习人文课程的积极性。

4.建设终身教育体系

江泽民曾说:"终身学习是当今社会发展的必然趋势。"一次性的学校教育已经不能满足人们不断更新知识的需要,要逐步建立和完善有利于终身学习的教育体系。学校要进一步向社会开放,充分发挥学历教育、非学历教育、继续教育、职业技术培训等功能。通识教育、特殊教育、成人教育和高等教育应强调相互联系和沟通,为学习者提供多种接受教

育的机会。依托远程教育网络,覆盖全国城乡开放教育体系,为社会各类成员提供多层次、多样化的教育服务。可以看出,终身教育是对传统教育理念和理论的更新,突破了教育决定人生的观念,使教育不再是学校教育的代名词,学校教育不再是教育和学习的终结,而是一个新的开始。终身教育思想已成为当代充满生机与灵感的教育思潮,是21世纪教育发展的战略选择。

高职院校的学校教育应开展学习指导,使学生了解和掌握基本知识,掌握继续学习的基本技能,树立自觉学习的态度。要培养学生灵活的思维能力和创新能力;要磨炼学生高尚的情操和审美情趣;要保持和增强学生强健的体魄、健康的心理和良好的人格品质,以适应未来学习和生活的变化和需要。知识技能的缺乏、情感的淡漠、艺术的无知、心理的扭曲、体质的弱化、人格的消失都会给终身学习带来麻烦,使人难以顺利地度过一生。这就意味着,教育必须在提高各种素质方面取得平衡,应该以全面提高人的素质为目标,而不是简单地传授和接受知识。知识的积累和技能的获得固然重要,但更应注意武装自己的智力和精神,以适应不断变化的社会。否则,学生就会失去终身学习的基础,难以面对和适应不断变化的社会。

三、高职院校人文素质教育的评价内容

高职院校是培养高技能人才的重要基地,人文素质教育,尤其是职业人文精神教育,是高职院校教育工作的重要组成部分。科学评价具有指导性、规范性和先导性的作用,科学的评价体系的制定符合社会实际,是高职院校人文素质教育实施的重要保障。

(一)对高职院校人文素质教育整体建设的评价

在对学校人文素质教育进行评价时,不仅要对学校的指导思想、规章制度、办学理念等进行综合评价,还要对学生的素质进行综合评价。我们不仅要评价办学条件,而且要评价课程体系的建设。

1. 对高职院校人文素质教育整体规划的评价

人文素质教育的统筹规划是学校人文素质教育的重要组成部分,直

接影响学校人文素质教育的质量和效果。人文素质教育的总体规划包括人文素质教育的定位、制度建设和办学理念。

高职院校人文素质教育的定位对学校的整体办学具有指导作用。高职院校应根据党和国家提出的人文素质教育目标和本校的实际情况,确定人文素质教育的总体规划和目标。制度建设是任何目标得以实现的重要保障,学校规章制度建设及执行情况是人文素质教育评价的重要评价指标。学生培养方案中人文素质教育的比重、人文素质教育的财政支持以及学校专职人文素质教育教师的特殊引进政策体现了学校对人文素质教育的重视程度。

办学理念充分体现了学校领导在人文素质教育过程中的指导思想和决策水平,领导重视程度直接影响着人文素质教育的发展进程,是实施人文素质教育的重要保证。

2. 对高职院校人文素质教育教学建设的评价

教学是高职院校人才培养机制的基础。人文素质教育的教学建设是提高学生人文素质的关键,包括环境建设、师资建设、课程建设和科研建设。人文素质教育的环境建设主要是指校园物质文化环境的建设,良好的校园文化环境建设可以为人文素质教育提供良好的现实环境,增加学校人文素质教育的内容和实践机会。校园人文景观、地标性建筑、美术馆、展览馆、图书馆和网络资源等这些完善的人文素质教育设施和场所,能够体现学校独特的文化内涵,为教育创造和谐的校园文化环境。

人文素质教育师资队伍是决定高职院校人文素质教育水平的重要方面。具有坚定的思想信念、优良的教学质量和互补的、功能的人文教育师资是实现人文素质教育目标、实施人文素质教育计划的组织保证。人文教育师资应包括思想政治教师、专职人文教师和辅导员。此外,教师的人文素质也是评价的重要组成部分,其外在表现,如知识、能力、仪表、行为等,都会对学生的人文素质产生深远持久的影响。

课程体系的构建主要体现在人文学科的完备性上,即分支学科是否完全开放。人文素质教育课程应建立多维度的课程体系,以文学课程、历史课程、艺术课程和语言课程为基础,辅以社会学、伦理学、人类学、宗教学、美学等课程,将所有课程纳入教学计划,纳入课程体系,以必修或选修的方式教授。通过对人文素质教育课程的评价,可以判断人文素质教育课程是否符合当前的教育目标,是否符合学校教学改革中师生的实际情况和需要,是否有利于学生综合素质的发展。人文素质教育的工作与人文素养教育科研建设息息相关,人文素质教育的科研建设主要考察人文教师的学术水平和科研能力。搞好人文素质教育的科研建设,可以把握人文素质教育的规律,促进科研成果的转化,指导人文素质教育的实践,使人文素质教育取得更好的成效。

3. 对高职院校人文素质教育活动建设的评价

人文素质教育的活动建设包括学术活动、校园文化体育活动和社会实践活动,能够反映高职院校人文素质教育的动态水平,直接影响学生人文素质教育的认知水平,对学生人文素质的形成产生潜移默化的影响。

校园学术活动和文体活动是人文素质教育健康持续发展的重要保障。学生是校园活动的直接参与者和组织者,学术活动,如人文讲座、学术沙龙和学术社团等,能够开阔学生的眼界,促进学生形成正确的价值观。健康向上的校园文化体育活动可以培养学生的情操,正确引导学生的兴趣爱好。社会实践活动可以使人文素质教育贴近实际,最终实现人文素质教育,从而实现学生人文素质的提高。

4. 对高职院校人文素质教育成果的评价

人文素质教育成果是人文素质教育的集中体现,对人文素质教育成果的评价离不开对人文教育成果的评价。学校人文素质教育评价可以参考学生成绩评价、学校成绩评价和社会影响评价三因素。学生的成绩主要涉及学生人文选修课的成绩、学生人文社会科学活动获奖情况和学生人文精神风貌。学生在人文课程和获奖活动中取得的成绩,在一定程度上反映了学校师生的人文基础,是人文素质教育的外现。学生人文精神是学生行为规范和思想道德的集中体现,是学校人文素质教育效果的核心部分。学生良好的人文精神能够体现学校的教育理念和理想追求,是学校内部素质和发展境界的要义。

学校的成绩主要体现在学校文化建设和人才培养体系方面。人文素质教育最重要的目的是育人,校园文化氛围具有文化引导功能,能使学生养成良好的习惯和行为。校风和校容是高职院校人文素质教育要素的综合反映,是高职院校人文素质教育目标的现实说法。学校精神和形象主要体现在校园人文氛围和师生形象两个方面,评价这一指标应加以考查师生精神面貌、校园文化氛围和学校凝聚力等。社会影响主要是社会对学校人文素质教育的发展和声誉评价,社会对人才有其利益诉求和评价标准,因此有必要重视社会评价体系的发展,以提高学校的人文素质教育水平。一方面,可以总结经验,改进高职院校人文素质教育工作,提高办学水平;另一方面,它可以促进学校适应社会需求,为社会培养可用的人才。

(二)对高职学生人文素质状况的评价

人文素质教育的目的是培养适应社会未来发展的人才,对学生人文素质的评价应以有利于学生全面发展,适应社会需要为前提。应敏锐地意识到社会对学生人文素质的要求,这些要求应反映在评价指标体系中,以鼓励学生在满足这些基本要求的前提下,充分发挥自己的潜能。对高职学生本人人文素质的情况进行评价时,我们不仅要对高职学生所接受的人文素质教育的三大模块进行分析,而且要考虑影响高职学生人文素质教育的因素。

1.人文知识的评价

人文知识建立于思想、气质和修养,人文修养是长期积累形成的个体相对稳定的内在品质。对学生人文知识的评价应包括学生对人文知识和专业文化知识的掌握、学习氛围的评价。评价学生对人文知识的掌握程度,不仅是对学生人文知识的考查,也是学生人文知识的建构过程。人文知识涵盖历史、文学、哲学、艺术、道德、语言等,对学生人文知识的评价应考查学生对人文知识的掌握和运用,以及学生的学习和研究能力。专业文化知识是职业价值观形成的基础,高职学生人文知识的评价应包括对专业文化知识的掌握。在人文知识评价过程中,应注意学生在学习过程中是否具有积极性和主动性,以及对人文课程的态度。良好的学习氛围能促进学生人文素质的提高。

2.人文思维的评价

思维是人脑利用语言对客观事物进行概括或间接反映的过程,它是以知觉为基础但又超越知觉边界的。思维是对事物的间接反映,它通过其他媒介来认识客观事物,并借助已有的知识和经验来预测未知事物。在这里我们所说的对高职学生人文思维的评价,也是对高职学生能力的一种评价,即高职学生能否运用自己已学的人文知识去很好地思考现实生活中遇到的各种问题,很好地表达自己的想法。

3.人文精神的评价

人文素质教育的终极目标是培养学生的人文精神。人文素质教育在传授人文知识的同时,也培养了学生的人文意识和人文精神,使他们形成正确的世界观、人生观和价值观。因此,对高职学生人文精神的评价应包括人文思想和职业价值观两个方面。人文思想的评价应考查学生是否具有职业理想和进取精神,职业价值观的评价与观察应关注高职学生是否具有职业高尚感和成就感。人文精神是整个民族文化品格的特征,是人文素质教育目标的重要组成部分,也是评价过程中的难点。

(三)对高职院校人文素质教育教学过程进行评价

对高职院校人文素质教育过程的评价应该全面分析人文素质课堂教育、校内活动和校外实践的开展以及实施情况。

1.课堂教育

课堂教育是培养人文素质的传统渠道,也是人文素质教育的核心。在评价课堂教育时,主要应评价人文课程、人文课程学时和教学效果。

(1)人文课程

人文课程是高职院校人文素质教育的重要组成部分。可以说,人文课程的质量将从根本上影响高职院校人文素质教育的成败。一般来说,人文课程包括核心课程和辅助课程。所谓核心课程指与学生专业密切相关,而辅助课程是指与学生专业没有太大关系的课程,只是为了提高学生的人文素养。以马克思主义理论这一专业为例,"马克思主义哲学"

"马克思主义政治经济学""科学社会主义""毛泽东思想""中国特色社会主义理论体系概论""伦理学""政治学"等课程都是人文课程中的核心课程,而且是每一个马克思主义理论专业的学生都必须学习的课程。辅助性课程又分为专业选修和公共选修两大类,专业选修包括"西方哲学史""中国古代思想史""社会学""中国近现代史纲要",公共选修包括"教育学""心理学""教育心理学"等课程,学校还规定了一些选修课。另外,高职院校为不同年级设置了不同的培养目标,因此为新生开设的人文课程主要是培养学生的职业认同感和责任感,大一、大二培养和提高社会责任感,大三培训校外实践、论文答辩、毕业教育,联系实际,提高职业道德素质和整体素质。因此,评价者需要关注课程的系统性、理论性、逻辑性、课程的交叉整合性以及不同年级的课程差异。

(2)高职院校人文课程的课时数以及课程的实效性

人文课课时数的多少反映一个院校对人文素质教育的重视程度,评价者在评价时要注意人文课数量的多少以及人文课课时在总课时中所占的比例,一般来说,人文课课时数应不少于一门专业基础课的课时。

授课的效果也就是指学生通过课堂接受人文知识的程度,也是课堂中实施人文素质教育的结果。评价者可以通过听课的方式来观察课堂气氛、学生的听课态度、教师的授课方式,从而给出一个正确的评价结果。

(3)高职院校开展的与之相关的校内活动和校外实践

校内活动和校外实践在高职院校人文素质教育的实施中具有不可替代的作用。学校活动主要包括讲座、文化艺术活动等形式;校外实践主要包括各种兴趣俱乐部活动、人文素质教育基地活动、社会实践活动等形式的活动。校内活动和校外实践是高职院校人文素质教育的重要形式。对于长时间坐在课堂上的学生来说,学校活动、校外实践等教育形式具有很强的吸引力,能激发学生的主动性。同样,它的质量也直接影响着大学生对错的认知方向和水平。对这两个指标的评价取决于它们是新颖的还是传统的。

（4）对课程实效性进行评价

对人文素质教育效果的评价是整个人文素质教育评价的落脚点，也是评价体系中的重中之重。高职院校人文素质教育的全过程一般要通过人文素质教育效果表现出来，评价一所院校人文素质教育工作的好坏、优劣是对该院校的人文素质教育状况的总结，其实也就是评价学生在接受人文素质教育后自身的人文素质提高的程度，人文素养达到了一种什么样的高度。

2.高职院校人文素质教育校内环境的评价

与其他方面相比，人文素质教育效果的评价是最难的，评价者受主观因素的影响，仅凭直觉知识是不可能做出正确的评价的。人文素质教育的效果是隐性的、不确定的。一方面，在接受人文教育后，很难观察学生的人文素质是否以及在多大程度上得到了提高。另一方面，人文素质教育的效果只有在一定的环境条件下才能体现出来。例如，在学校里，环境相对舒适，学生的人文素养会被隐藏；在社会中，由于社会环境的压力，学生的人文素养往往会被激发。因此，在评价人文素质教育的效果时，一方面要对在校大学生的素质进行评价，另一方面要对在校大学生的社会状况进行调查，即内部和外部评价。

在对大学生进行评价时，可以通过考试、座谈和问卷调查等方式对大学生的政治素质、道德素质、法律素质、外交素质、心理素质和文化素质进行评价。

政治素质的评价主要是评价学生的政治态度、政治心理、政治情感和政治价值观，检验学生是否具有坚定的政治理想和信仰，是否自觉承担公民的各种社会责任。道德素质的评价应注重对学生道德价值观、社会道德和社会历史责任的评价。法律素质的评价主要是评价学生是否具有法律意识观念，是否用法律约束自己的行为，是否能运用法律知识尊重和维护自己和他人的合法权益。学生外交素质的评价主要考查学生是否具有一定的社会知识、人际吸引力、人际交往能力和社会活动能力。学生心理素质的评价应以评价学生是否具有健全的认知能力、适度的情绪反应、强烈的意志品质和和谐的人格结构为重点。学生文化素质的评价应注重对学生文化信仰、文化交际能力、文化鉴赏能力、文化感知能力、语言语法素养和写作能力的评价。

3.高职院校人文素质教育校外环境的评价

在对进入岗位的毕业生进行考核时,所采用的考核方法与学校不同。因为他们已经不在学校,不能面对面评估,只能通过调查咨询的方式对校外学生进行评估。

学校产生的具有社会影响人物在一定程度上反映了学校实施人文素质教育的效果。第一,单位招聘员工不仅需要有较强的专业知识,还需要具备一定的人文素质。如果一个大学的就业率比较高,那么在一定程度上,实施人文素质教育的效果也是很好的。第二,在就业领域也是如此。如果学生的就业单位是一个对人文素质要求较高的单位,如政府、银行、大型外资企业等,这也说明大学在实施人文素质教育方面是成功的。第三,具有社会影响力人物的地位和声誉不仅来自对其专业知识的认同,也来自对其人文素质的认同和对社会的贡献。他们成功的基础往往是在大学里培养起来的,因此,有多少院士、知名专家和高级领导干部在大学中诞生,在一定程度上说明了学校在实施人文素质教育中的作用。因此,在评价学校人文素质教育的效果时,应关注学生就业率、就业领域和社会上有影响力的人的数量。

四、高职院校人文素质教育评价的特点和原则

我国的高职院校与普通高等大学有着一定的区别,因此在对高职院校人文素质教育的评价特点和原则进行分析时,要做出一些有区别的考虑。

(一)高职院校人文素质教育评价的特点

1.评价主体多元化

在对高职院校学生人文素质教育进行评价时,要秉持客观公正的理念,综合各方面的意见和建议,进行全方位和多层次的评价。这就要求学校人文素质培养评价的主体要多元化,既包括学校管理部门、专职教师、辅导员、学生,也包括相关社会组织和成员,尤其要关注的是在企业顶岗实习期间,学生职业人文素养要由学校和企业指导老师双方进行评价,以此来得出较客观、公正的结论。

2.评价方式多样化

人文素质教育评价既要注重结果,也要重视过程,评价方法要注重多种方式相结合。第一,教育效果的全方位考察,结合定量评价与定性评价;第二,关注评价过程的连贯性和持续性,将静态评价与动态评价相结合;第三,加强教育过程评价,结合过程评价和结果评价,为教育结果提供科学、合理的过程保障。

3.评价内容全面化

建立高职院校学生职业人文素质的评价体系,是高职院校开展人文教育必不可少的重要环节。人文素质教育的效果通过高职学生的人文素养来体现,为此要建立科学合理的考核评价机制,为落实人文教育的实效性提供重要的保障。当前高职院校的评价制度存在偏颇,对于具体技能的训练和考察的偏重,不利于发挥评价机制对学生发展职业人文素养的指导作用。在评价内容上,人文素质教育的评价内容应扩大到教育全过程。因为人文素质教育的内容具有深厚的文化底蕴和鲜明的时代意义,符合高职院校的培养目标和学生自身不断发展和完善的要求。对学校的评价同样要从整体出发,综合评价教育思想、教学质量、管理水平、社会影响等方面。对学生层面的评价,不仅要涉及人文知识的考查,更要注重学生个体人文素质和人文职业精神的测评。此外,系统的评价指标体系还应顺应时代的发展而不断调整内容。

(二)高职院校人文素质教育评价的原则

正确科学的评价指标是强化高职学生人文素质教育的关键。在确定高职学生人文素质教育评价指标时,应该遵循几个基本原则。

1.动态评价与静态评价相结合的原则

根据评价的目的,在不同的时间点对评价主体进行评价,可分为动态评价与静态评价。静态评价主要考虑被评价主体的即时状态和结果,例如,评价某一时间点的高职生的人文素质。动态评价是对高职学生在接受教育前后人文素质的变化进行的评价,侧重的是被评价主体在一个时间段内前后的状态和结果。

动态评价有两层含义:第一,为了了解学生认知能力和认知历程的动态变化的潜力和能力,跨越多个时间点对学生进行观察,评估学生的进步与改变,可应用"评价—素质教育介入—再评价"的程序;第二,评价者与学生之间产生大量的互动,强调将评价与教学结合,实施个体化的诊断评价与教学补救。经过充分的沟通与互动的交流过程有利于对学生教学反映与学习历程的持续评价。

动态评价是跨越多个时间点观察评估学生的进步与改变情形,了解学生动态认知历程与认知能力变化的特点和潜能;使评价者与学生之间产生大量的互动,强调评价与教学结合,实施个体化的诊断评价与教学补救。这一过程是经过充分的沟通与互动,持续评价学生教学反映与学习历程的过程。

动态评价与静态评价之间具有相关性,某一时间段中,前后两个时点的静态评价结果比较可以反映该时间段内评价主体的动态评价结果。应用静态评价和动态评价方法,可根据具体的评价目的考虑,即侧重于某一时点还是某一时段人文素质教育的效果。

2. 全面评价与重点评价相结合的原则

在进行评价时,为了突显人文素质教育在高职学生培养各方面的效果,要全面评价高职学生在各方面的表现。通过高职学生的课堂表现、独立作业、阶段性学习测验,考查高职学生对大学英语知识技能的掌握情况;通过角色扮演、口头陈述、电子邮件交换、网络探究、英语演讲等活动方式,考查高职学生语言表达能力和语言交际中的文化意识;通过完成小组主题设计活动作品,考查高职学生解决实际问题的能力,与同伴的合作能力、探究能力和创造能力。通过问卷调查、展示记录个人英语学习历程的电子学档活动,考查高职生在整个英语学习过程中所表现出来的认知策略、调控策略、资源策略,学习兴趣、态度情感方面的变化,以及对阶段性学习进行自我反思的情况;通过网络自主学习及在线测试记录,考查高职学生投入英语学习的时间、学习的质量、参与在线讨论的情况和学习的效果等。

在评价过程中,根据评价内容的不同,具体选用不同的搜集信息的方法。例如在信息搜集阶段可采用表格测评法、走访座谈法、抽样调查法、问卷调查法、资料查阅法,以及现场观察、观摩法等。在信息整理阶段主要采用比较参照法、统计综合分析法、反馈调整法等。在结果汇总定性阶段主要采用模糊综合测评法和评分、评语综合法。

3.定性评价与定量评价相结合的原则

目前国外已经发表了大量高质量的高职院校人文素质教育研究方面的文章,但国内高职院校领域的定性研究并不多见。我国对于高职院校人文素质教育研究大多局限于方法学探讨,使用定性研究方法开展高职院校人文素质教育的研究本身具有大量的、不可量化的人文信息。

定性与定量研究方法相结合的常用模式有三种:第一,序贯结合,先找出问题,然后再进行调查,用定量方法找出关键的问题,再用定性方法进行调查;或者先进行探索性研究,找出参考变量,再采用定性方法。第二,平行结合,同时应用两种方法,优势互补。第三,两种方法在微观的方法层次上进行结合。例如在一个相关的应答者样本中进行焦点组访谈,为一项调查问卷的设计或验证拟定一份草稿。

有效地结合定量研究与定性方法,既有科学研究的数据又有研究方法,以此来提高教育的有效性。定量研究侧重于比较"率"和终点结局,而定性研究侧重于通过沟通交流了解他们的观点和感受。许多大的研究项目中,研究问题经常会采用两种方法加以应用。高职院校人文素质教育研究的方法必然是提倡定性与定量研究相结合的。

素质教育的评价体系一直是高职院校人文素质教育工程中的一个重要课题,同样,也是人文素质教育工程中的薄弱环节,在这方面仍然存在着许多困难有待克服。但是,相信在教育界的重视和相关部门的努力下,这项工作一定能出色完成。

第六章　高职院校人文素质教育实施途径

第一节　课程有效性与课程全面性的结合

2019年，国务院印发的《国家职业教育改革实施方案》指出：要推进高等职业教育高质量发展。高等职业院校要培养服务区域发展的高素质技术技能人才，重点服务企业特别是中小微企业的技术研发和产品升级，加强社区教育和终身学习服务。

高职院校想要高质量地发展，其核心在于不断提高课程建设的有效性。只有不断提高高职课程的有效性，才能真正推动高职教育的高质量发展。

有效的课程并不是给学生教授了更多、更深、更复杂的知识或技能，而是通过教师的课程设计和教学实施，使学生获得了较大的进步。这种进步表现在：学生对学习的态度，从不喜欢到喜欢，从喜欢到热爱；学生对自己的专业认知从不懂到少懂，从少懂到多懂；学生在行动能力上，从陌生不会到敢于行动，再到善于行动。同时，在关注了人文素质课程的有效性之后，同样还要结合人文素质教育课程的全面性。而素质教育实施的全面性，是指学校在实施素质教育过程中，要充分重视教育活动系统中的各种因素，加强教育管理使其能全面地、有效地发挥作用，全面提高教育教学质量，全面提高学生素质。

一、课程目标的有效性与全面性确定

课程目标是一门课程学习完以后所要达到的学生发展状态和水平的描述性指标，是一门课程建设的起点，直接影响和制约着课程内容、课程

实施方式和课程成绩的评价方式。有效定位的课程目标,应该既要体现国家对高职院校培养人才的要求,又要适应学生的实际基础和社会的实际需求。

因此,有效的高职课程目标应该依据国家相关教学标准、职业标准和岗位任职要求,在分析学生实际状态的基础上,合理设计其要达到的培养目标,既不能把课程目标定得太高,使高职学生难以实现;也不能过低,使课程的学习缺乏挑战性。那么对于课程目标的设计,就应首先分析课程所适应的职业工作任务需要具备的技能或技术、知识、素质,再依据专业人才培养目标对于专业能力、社会能力、方法能力的要求,说明一门课程在技能、知识、素质甚至职业资格证书方面的具体目标。同时,要说明课程在专业课程体系中的作用及其与其他课程之间的衔接关系。

课程设置还要服务于课程主体的全面性。课程是为学生开设的,学生是学习的主体。因此,课程要为学生服务,课程设置要着眼于学生的发展和成才。

对于上述课程设置的有效性原则,虽然都体现着主体对课程的需要,却仍不能全部满足主体的个性发展需要。所以在课程的开设上,不仅要关注学生整体的主体性,还要关注学生个体的主体性。在激励学生个性发展和培养学生的创新素质方面,统一性的课程存在着一定的局限性。为弥补统一性课程所存在的不足,就需要开设有利于主体个性发展的课程,开设可供学生自主选择的课程。而一种课程体系判断是否有较高的价值,就在于这种课程体系能否较好地提高全体学生在各个方面的素质。在课程设置上,只有坚持共性与个性、统一性与多样性相结合的原则,才能为学生素质的提高提供有力的保障。

课程设置要体现主体的差异。同一个学校、同一个专业、同一个班级的学生,有较多的共同性,但又存在着差异。这些差异不仅有生理方面的,也有社会方面的,不仅有兴趣、爱好、特长方面的,也有成才过程方面的。人都是作为有个性的人而存在和发展的,不存在没有个性的人。特别是那些科学大家、学术名人、艺术大师,无不鲜明地凸显着各自的个性。而他们的个性又是同他们的名气和才华联系在一起的。主体的差

异要承认,个性的发展不容忽视,学生整体素质的提高与个性的发展是
联结在一起的。因此,在课程设置上,既要重视学生整体素质的提高,又
要关注学生个性的发展。如理性思维强的,可使其获得更深的理论知
识,动手能力好的,可使其得到更多的实践训练。

课程设置要为学生的个性发展开辟广阔的天地。在课程建设上,要
为学生健康的个性发展创造条件,开设有利于学生个性发展的课程。这
方面的课程,主要体现在选修课上,因此,要认真规划选修课程。选修课
可以是与专业相近的,也可以是跨专业跨学科的;可以是学习知识方面
的,也可以是培养能力方面的。这不仅可供学有余力的学生选读,同时
也培养了高素质的复合型人才。同一门课程亦可分档次(层次)开课,如
开设普通课型和高水平课型,分类开课既满足了一般水平的学生对课程
的需要,也满足了优秀学生或拔尖学生的求知需要。这就是分灶开伙,
按需开课,因材施教,不拘一格育人才①。

二、课程内容的有效性与全面性设计

《教育部关于职业院校专业人才培养方案制订与实施工作的指导意
见》(教职成〔2019〕13号)指出职业院校"课程设置分为公共基础课程和
专业(技能)课程两类"。不论是公共基础课程还是专业(技能)课程,在
有限学时内,教师能够教授并被学生接收的内容总是有限的,因此,教师
设计课程时必须对内容进行适度的选择。在课程内容的数量和难度上
需要进行一定取舍。

课程设置要符合素质教育全面性的要求。社会需要德、智、体、美、
劳全面发展的人才,素质教育就是全面性的教育,通过素质教育培养出
全面发展的劳动者。素质教育的课程设置,就是要构建起有利于学生全
面发展的课程体系。传统的课程体系是不全面的,如理科就少了些人文
社科方面的内容,而文科则少了些自然科学方面的内容,实践课程和活
动课程也没有得到应有的重视。之所以不全面,究其原因,指导思想不
是素质教育,而是专业教育或专才教育。高职教育是分专业的,但不能
把高职教育看作单纯的专业教育,更不能狭隘地理解专业教育。高职院

---

①余扬.职业院校人文素质课程教学的实践改革分析[J].散文百家,2019(6):197.

校的素质教育,重在革除过窄的专业教育弊端,要宽专业、厚基础、重实践。

为此,就必须使课程体系具有全面性的特点。随着社会主义市场经济体制的确立,人才市场的建立,社会对人才有了新的要求,其中很重要的就是复合型人才或一专多能的人才。但要培养出这样的人才,也必须有全面性的课程体系与此相适应。

教育的内容应该是全面的、综合的。教育的内容在横向上是相互联系的,从大处讲是自然科学与人文科学的整合;从科学技术来看,科学技术出现了高度分化,但又面临着在高度分化基础上的高度综合。与此相适应的话,在课程设置上就不该人为地在学科之间树立壁垒和深挖鸿沟。另外,素质教育的教育是面向全体学生的,是面向学生发展的各个方面及全过程的,与全方位的素质教育紧密相连,课程设置也应具有全面性的特点。近几年,虽然提出了专业改革以及与此相关的课程改革,但改革力度不够,专业及课程还是面向偏窄,不适应社会的需求,也不符合素质教育的要求。因此,必须加大改革力度。

人才是在全面性的知识结构基础上成长和发展的。人的各种知识和能力是协调发展的,一种知识或能力的获得,要以其他知识或能力为基础。一个真正有知识、高素质的人,一定是全面发展的人。一个人如果没有其他知识和能力为依托,没有多种知识和能力的交互作用,其专业知识和能力也会受到很大程度的限制。而素质教育的重要意义之一,就是要改变学生知识面过窄、能力较弱的状况。为此,就要对课程设置进行改革,为学生提供必要的和全面性的知识,培养学生较强的实践能力,以促进学生的全面发展。文科各专业,除现已普遍开设的计算机课程外,还应开设现代科技概论课;理科各专业,除现已普遍开设的思想理论教育课程外,还应开设科技哲学、科技写作等课程。文科学生学习自然科学,理科学生学习人文社科,不能看作辅助教育或教育的补充,这是素质教育之必需。

高职公共基础课主要在于培养学生个人成长和可持续发展必需的思想品德素养、基本的工作生活能力以及专业学习必要的文化知识(如数学、语文写作等知识），涉及面较广。显然，在3年时间内，学校不可能也无法给予学生所有公共基础性的知识。有效的公共基础课程内容的构建要依据国家发展职业教育的有关政策和规定，把培养学生运用理论分析和解决实际问题的能力作为教学重点，要多结合实际应用和学生的学习基础，设计比较通俗易懂，便于学生认知和体验的课程内容体系。

专业（技能）课程要培养学生今后在职业生涯中应用知识的能力，所以课程内容构建应做到：①课程与职业工作任务密切相连，从课程中应能找到知识与工作任务的清晰联系，也就是说课程学习内容要涵盖所对应的工作任务的完整工作过程，也包括完成相应工作任务所必备的基本条件。②课程内容反映完成相应工作任务的实际情境和要求，融入国家或行业对于工作质量的有关规定，充分体现职业性。③充分发掘专业课程中的思想政治元素，使学生在专业技能的学习中增强思想修养，同时积极引入职业领域的新技术成果，对授课内容实时更新，及时补充。④课程内容的系统组织应该做到任务驱动，以帮助学生形成要完成具体任务的意识，进而帮助学生在头脑中建立以具体工作任务为核心的知识结构，把知识和任务整合起来，也就是要为学生设计创建学习型工作任务。⑤课程内容的序化要符合学习认知规律，先易后难，由浅入深。也就是学习型工作任务的安排应该由简单到复杂，以工作过程把课程的学习内容组织编排起来。

三、课程实施的有效性与全面性保障

课程实施是教学效果达成的关键环节。一门课程确定好目标和内容以后，能否达到效果，就取决于课程的实施。笔者以为，如何让课程内容有效展开，以达成教学目标，关键在于教师教学活动的开展能够基于学情、基于教学条件，时刻引领学生在行动中学习，并在行动中努力思考，使学生"做中学、做中悟"。

实施有效的高职课程应该呈现三方面的特征：第一，每次课都有饱满的、与学生能力相适应的具体的行动任务，比如适合学生现有认知深度的讨论话题、具体的动手操作任务等。学生行动任务最好能够做到以小组形式开展，由小组独立制订计划、实施计划、开展评价反馈，并反思改

进。第二,课堂设计的活动或者学习任务能够激发学生的原有认知能力,尽可能使学生能够在唤起已有认知的基础上,动脑动手体验和进步。第三,要有明确的课堂管理要求,既要鼓励学生积极行动进入学习状态,认真完成任务,又要对玩手机、消极应付学习的现象予以严格的管理。

课程设置要有利于学生专业素质的提高。素质教育要注重学生素质的全面提高,在此基础上,又要重视提高学生的专业(业务)素质。这也就是说,学生在接受高等教育之后,应具有一定的专业或一定的业务素质能力。与此相适应,就必须有良好的专业课程结构。人们所说的通才教育,只有在相对的意义上去理解才是合理的,通才教育是相对专才教育而言的。通才是相对的,全才是没有的,一个人不可能事事通、行行懂。对通才教育不能片面地理解,高等教育不可能是全才教育。我们主张高职教育应是通才与专才相结合的教育。这样,在课程设置上不仅要考虑全的问题,同时要考虑专的问题。当然,这里的专不是狭窄的专,而是贯穿着改革精神的专。

课程设置要具有专业特色。课程设置要体现专业特点,体现出专业的类别,体现出专业的培养目标。课程体系中的专业课程,应该是课程体系中最具特色的内容。如果失去了专业特色,看不出是何种专业科类的课程体系,这种课程体系的价值就让人怀疑了。在课程设置上,如果工科的不突出工,医科的不突出医,农科的不突出农,那就不可思议了。依据培养目标和专业设置的要求来开设专业课程,是在课程建设上要特别留心的问题。

克服专业(学科)本位的偏见。课程设置要体现专业特色,同时又要克服课程设置问题上的唯专业思想。片面强调专业课程的完整性、系统性,是不可取的,是会影响和阻碍学生的全面发展的。想要从社会的需要和学生的发展来构建专业课程体系,过繁或过简,过深或过浅,都是要避免的。在当前的课程改革过程中,有减少专业课增加选修课的说法。这是针对克服过窄的专业教育而言的,对此要有正确的理解。无论是减还是增,都要有一个合适的度,超过了合理的度,就会出现新的不合理。

四、全面进行成绩考评

考核不是学习的最终目的,但考核是促进学习目标有效达成的重要手段。《教育部关于职业院校专业人才培养方案制订与实施工作的指导意见》(教职成〔2019〕13号)指出"改进学习过程管理与评价。严格落实培养目标和培养规格要求,加大过程考核、实践技能考核成绩在课程总成绩中的比重。严格考试纪律,健全多元化考核评价体系,完善学生学习过程监测、评价与反馈机制,引导学生自我管理、主动学习,提高学习效率。"也就是说,课程考评的目的在于促进学生学习的主动性和帮助学生提高学习效率,因此,针对新时代高职学生和课程的特点,教师有必要改革"一张卷子考试定成绩"的做法。随着近年来学生成绩考评的多元化发展,过程性考核已成为学生成绩的重要部分。

笔者以为,有效的课程考核方案应该包括过程性评价和结果性评价两个方面,至于一门课程学生成绩的过程性评价和结果性评价到底应该各占多大比例,结果性考核到底是以卷面形式还是以工作成果如产品或者作品等问题,应依据课程目标,结合课程和学生特点而定。需要说明的是,有效的课程考核方案既是对学生学习的要求,也是对教师进行课堂和学生学习过程管理的要求,同时必然增大了任课教师的工作量。因此,考核方案的设计既不能烦琐,又要科学合理且巧妙简洁,既有利于帮助和促进学生学习又便于教师进行课堂管理。

五、持续改善教学保障条件

课程有效性和全面性实施的保障条件包括师资队伍、教学设施资源两个方面。

师资队伍保障的有效性在于,教师要彻底改变传统的"教师讲,学生听"的教学观念,转而树立引导学生"做中学,做中悟"的新理念,并在教学实践中不断探索实施行动导向的教学方法。为此,成长于传统教学模式下的高职教师,其自身必须做一个善于学习、勇于探索教学改革的人。

在当今科技快速发展的时代,教学设施要做到即时更新、不断丰富以及时满足教学需要,然而对于大多数地方的高职院校,尤其是经济欠发达地区的高职院校而言,显然是非常困难的。那么,解决问题的办法就只能是从两个方面着手:第一,在条件允许的情况下尽量适时优化校内教学设施资源;第二,不断深化校企合作,获得企业的大力支持。

新时代背景下高职教育的变革,对高职院校教学管理也提出了许多新的要求。学校教学管理层面也需要在教学资源调配、班级规模控制和教学评价与奖励机制等方面进行相应的变革,以保障课程实施的有效性。

第二节 人文素质课程间的整合

人文素质课程的设置可以通过多种形式来完成,课堂教学可以作为知识类传授的主体,实践型的内容可以通过组织主题活动、社会体验等方式完成。教学内容应有效培养学生正确的价值观,提升其道德素养、人文修养和职业素质,实现其全面健康的个性成长,使之具备在未来职业实践中可持续发展的能力。人文教育课程是使被教育者个性成长、道德完善的重要课程,因此我们应该合理科学地整合,分大类和模块组织教材,以防止知识的交叉和重复,从而便于实际教学的需要。对于改革后的人文素质课程的教学内容,应该要形成一个有别于学科型课程的新体系,并打破单门功课形式,使其内容结构要体现"模块化"的特征,使不同模块要适应不同层次学生的发展和不同专业人才培养的需要。根据人文素质培养方案的要求,将所有开设的人文课程分成以下不同模块整合。

一、人文知识模块整合

人文知识是人类关于人文领域的基本知识,是与自然知识、社会知识相对应的一种知识,是人类总体知识构成中的一个重要组成部分。它需要通过专门的学习,如历史知识、文学知识、政治知识、法律知识、艺术知识、哲学知识、道德知识、语言知识等,而这些知识只有通过在课堂上系统化、理论化的专业学习才能掌握。针对高职教育培养目标要求,人文知识模块大致可分为以下四个方面。

（一）语言文学知识及职业规划方面

开设应用文写作、演讲与口才、普通话训练等课程培养学生语言表达能力。并在此基础上,可以将有关现代社会求职及职业知识的教育,学生自主学习能力、创业能力、社会交往能力等有关的课程整合,可开设心理与交际、求职与面试技巧、就业与成才指导等课程。

（二）政治经济常识及职业道德方面

例如护理专业,可以整合职业道德与法律、经济政治与社会、护理伦理、护理管理与法规、卫生法规等课程,同样也可以选择性地合并和整合成校本教材。

（三）哲学及历史知识方面

哲学研究存在及世界本原的问题,可开设哲学与人生课程;历史方面的课程可以开设中国近代史纲要、护理发展史、形势与政策、民族理论常识等课程。

（四）艺术类课程方面

可以整合护理美学、音乐与美术欣赏、摄影、书法等课程,使学生在懂得一定乐理知识的同时,也能欣赏古今中外经典作品。提升学生的艺术欣赏水平,实现其文化素养内涵的提升。

二、专业模块整合

在高职学生的专业知识教育阶段,在其培养基本职业能力的同时,可以配合专业教育将一些人文素质知识融入专业课中,即使没有单独作为一门课程,也可在上专业课的同时,将人文知识随时融入每一堂课中。如在文书书写中,可以突出护理文书的书写规范;在公关礼仪中,可以重点突出护理礼仪;在健康评估中,可以突出人际交往知识的应用等。同时将这些人文知识与专业知识互补,以此扩展人文素质,从而保持培养的连续性。

三、课外活动及校园文化等隐性课程模块整合

针对广大学生的不同兴趣爱好和需求,应多开展一些课外活动,课外活动是进行人文教育的重要渠道。教师应有意识地去设计一些培养学生人文素养的课外活动,让学生在创设的情境中潜移默化地接受人文教育。我们可以组织这些课外活动,如艺术活动、社团活动、第二课堂活动、体育节活动及各种讲座和学术报告等。艺术节可以设置演讲、诗歌朗诵、美术、音乐、舞蹈、书法等比赛环节,让学生在活动中接受艺术熏陶和美的教育;学校体育节不同于田径运动会,可以设计一些集体项目,让参与的学生更多,借此培养学生的合作、竞争意识和团队精神,如集体跳绳比赛、班级拔河比赛、篮球赛等项目。这样做既可以达到人文素质教育的目的,又能够受到学生的欢迎与喜爱。①

同时应从学校的历史、现状和基础出发,充分利用学校自身拥有的文化资源,包括学校早期特有的理念、精神、体制、机制和制度,独特的地理、地貌,有特殊意义的历史事件,特有的人物及人物故事,特有的建筑,特有的文物以及专业特色等其他特色资源,并结合本地区的民俗习惯、文化氛围及传统,构建校园文化等。这些隐性课程模块在人文素质教育中同样具有不可估量的作用,同时也可编写成具有特色的校本教材。

第三节 专业课程与人文素质课程之间的协调

1998年,教育部发布《关于加强大学生文化素质教育的若干意见》,明确指出"我们所进行的加强文化素质教育工作,重点指人文素质教育,主要是对大学生加强文学、历史、哲学、艺术等人文社会科学方面的教育"。因此,高职院校学生人文素质教育应坚持科学素质与人文素质、人文精神与职业能力等方面紧密结合,切实加强学生的人文素质教育。

---

① 李永山.大学生素质教育课程体系的构建与实施研究[J].中国高等教育,2015(11):53—55.

一、人文素质教育与专业技术教育相协调

著名科学家拉比曾说："只有把自然科学和人文科学融为一体，我们才能期望达到与我们的时代和我们这一代人相称的智慧的顶点。"当前，高职院校的专业技术教育仍居于教学活动的核心位置，专业基础课和专业必修课在高职院校课程体系中依然占据绝对优势。

从教育目标上看，高职院校学生的专业技术教育与人文素质教育各有侧重，但是从育人角度来看，二者都是通过具体的教育措施试图使学生得到全面的发展。我们如今强调人文素质在学生整个教育活动中的重要性，绝不是为了打压专业技术教育，而是要将人文素质教育的理念穿插于专业技术教育之中，在强化专业技术的同时，使学生的科学品格和社会责任感都得以发展，而这无疑将极大地提高学生人文素质教育的效果。但丁说过："一个知识不全的人可以用道德去弥补，而一个道德不全的人却难以用知识去弥补。"可见，道德水平的高低直接影响和制约着个体生命成就的高低。因此，高职院校学生的人文素质教育是专业技术教育的前提和基础，它通过以具体人文教育活动的开展，从而达到影响学生心灵，进而提高学生精神境界的教育目的。因此，对于高职院校学生的人文素质教育，不能只讲人文而不讲科学，也不能只讲科学不讲人文，唯有二者相互融合，才能使学生获得全面发展。

二、人文精神培养与科学精神培养相协调

科学精神是以实事求是为基本要素，以辩证地怀疑和批判意识作为其内在要求，是人类在科学实践活动中形成的价值标准、共同信念和行为规范的总称，它是指导人们认识世界和改造世界的动力源泉。人文精神是人类优秀文化积淀凝聚而成的主体内在精神品格，它包含了对人类生存的终极关怀、对道德理想的坚守，以及对人类主体性的珍视和弘扬，是正确处理人与外界关系的重要精神。现代社会科技的迅速发展，极大地丰富了人类社会的物质资料，但在带来巨大财富的同时，也给整个社会带来了道德、伦理、环境等一系列的问题。人文精神为人类行为的目的性提供基础，而科学精神则为其合规律性提供基础，两者互补才是行

为合理性的保证。古往今来,许多学问大家往往都是专业知识扎实,同时人文底蕴深厚。伴随着知识经济时代的到来,科学技术知识得到了极大的普及,这里的科学技术知识是涵盖哲学、文学、历史、艺术等人文科学知识。

高职院校人文素质教育就是要从"培养什么样的人,怎样培育人"作为着力点出发,并通过一系列人文素质教育活动和科学素质教育的开展,对学生进行尊严、价值教育,理想、信念、人格塑造,交流能力、学习能力、分析解决问题能力、创新能力培养,赋予学生科学的思辨能力和思维方式,最终实现既"知书"又"识礼",达到智力与德行、学历与修养、知识与能力的全面提升,培养学生的科学精神和人文精神,努力实现二者的统一,最终实现高职院校学生的全面发展。

三、人文素质教育与职业技能培养相协调

(一)高职院校职业人文教育与职业技能教育融合的现状

"重技能轻人文"是当前我国高职教育的普遍现象,对于人文素质教育而言,尤其是职业人文素质教育,其长期处于边缘化的尴尬地位。高等职业教育在人才培养中越来越注重技能人才的培养,加大专业课和实训课的比例成为各高职院校主抓的教学内容,同时却忽视了育人功能,把学生走向工作岗位所必须具备的职业人文素养远远抛却脑后,即便是开设了一些人文素质课程,也只是照本宣科,很少将职业精神和价值观教育贯彻到人文教育中去。导致培养出来的许多学生技能和素质没有得到平衡发展,一方面,具有良好的专业知识和操作技能,另一方面却表现出缺乏责任感、自我意识强、跳槽频繁、怕苦怕累等现象,使得企业不敢对他们委以重任,影响了职业发展,究其原因,主要是以下三个因素。

1.社会环境的影响和制约

目前,我国正处于经济和社会快速发展时期,社会上出现一些拜金主义、享乐主义、功利主义的现象,对当下大学生的影响甚大,其学习带有很强的功利性,从而轻视对自身长期发展具有重要作用的职业人文素质的培养。高职院校学制一般为三年,时间较短,在其有限的时间内,除了

需通过各门基础课专业课、选修课外,还需要考取各种各样的资格证书和技能证书,这些就占去了他们绝大部分的时间。另外,用人单位在招聘毕业生的时候,更多的是看重学生的成绩和各种证书,对素质的要求比较空泛,也难以衡量,这也使得学校和学生形成了重技能、轻素质的现象。

2. 高职院校现有条件欠缺

由于发展的时间不长、资金短缺等原因,大部分高职院校在硬件设施、师资质量等方面都有所欠缺。在人文教育当中,教师毫无疑问是其关键所在,但在多数高职院校中,教师普遍缺乏将专业技能教育与人文素质教育相结合的意识与能力,专业课教师往往只注重科学知识和专业技能的传授,很少关注与职业相关的人文素养的培育。基础课、人文选修课教师的教学对象是全校学生,不可能对每一个专业的知识和要求都了解,因此在课程开设上,有针对性的课程开设较少,大多是一些通识教育。另外,大多数高职院校尚处于建设、发展期,有限的资金更多是投入到基础设施建设、专业设备的购置、实训实习基地等硬件设施的建设上,对高职人文素质教育的投入不够,导致了职业人文素质教育课程的开设存在困难[①]。

3. 高职院校的管理制度尚不够完善

高职院校是否拥有一个完善的管理制度,在很大程度上直接决定了院校能否有效顺利地运行。一方面,大部分的高职院校是由中专升格而成,在管理上大多是按照所谓的惯例来进行,管理制度的系统性、灵活性不足、课程设置的不合理性,都很大程度上束缚了教师和学生的手脚。同时,院校对人文环境营造的不重视,也使得和高职人文素质相关的讲座、第二课堂活动明显不足,学生很难在其中得到浸润。另一方面,一些院校无视其自身条件和培养特点,生搬硬套普通高校的管理模式,这种没有结合实际的做法势必造成"水土不服、消化不良"。再加上院校过分强调科研任务,使得教师与学生的课余交流时间减少,影响了教育教学

[①]杨丽敏.基于职业活动导向的高职艺术类人文素质课程体系建构研究[D].长沙:湖南师范大学,2014:21-23.

工作的顺利进行,教师的育人功能明显不足。

(二)高职院校人文素质教育与职业技能培养相融合的路径探究

现代经济的快速发展和产业结构的优化调整,对高职学生的综合能力和素质提出了更高的要求,只有将高职院校人文素质教育与职业技能培养有机融合起来,形成一个有机统一的整体,才能真正实现高职人才培养目标。

1. 转变教育理念

教育的根本使命就是"培养人",高职院校应以培养全面发展的职业人为教育目标,高等职业教育要从观念上改变,其只关注职业技能和职业资格教育,轻视职业人文素养培育的偏向,重塑高职院校的品格和价值取向,把学生培养成为既有技术又有文化,既有科学精神又有职业人文素养,既有职业资格证书又有事业心全面发展的人。树立"以职业为导向,以技能为核心,以素质为基础"的办学理念。高职院校人文素质是一种基础性的素质,会对学生的综合素质的养成和未来的职业发展产生强大影响力。全院教职工应树立科学的人才培养观,将高职院校人文素质教育和职业技能培养相融合的理念,自觉贯穿实施到教育的各个领域和全部过程。

2. 优化课程设置

为实现人文素质教育与职业技能培养的融合,必须优化课程设置,建立合理的课程体系,充分体现"职业性"和"人文性"。

(1)在专业技能教育中渗透高职人文教育

高职技能教育作为能够体验职业生活的重要途径,是高职人文教育的一个非常重要的渠道。在职业技能培养过程中融入职业人文教育,学生将会更容易在潜移默化中接受和消化职业人文教育,同时也能使学生更加了解专业技能学习的意义。华中科技大学教科院博士生导师刘献君教授总结60位教师的教学实践,提出结合专业教学进行人文教育的八种方式:起于知识、启迪精神、渗透美育、行为互动、营造氛围、以悟导悟、以人为本、止于境界。专业教师不仅要传授给学生专业知识和职业技能，而且要结合教学内容融入高职人文教育理念，从职业需要出发，发掘职业人文教育的意义和内涵，把高职人文教育融入学生学习的各个环节，例如，课堂教学、实习实训，多方位多节点推进高职人文教育，有意识地向学生传导职业人文教育方面的信息，使学生在掌握专业技能的同时，也能提高自身的职业人文素质，明确作为一个完整的职业人所应具备的各项素质。

（2）寻求与实习实训的结合点

实习、实训是高等职业教育人才培养过程中的重要环节，是高职教育实现教育与生产劳动相结合的重要途径，既是培养学生职业技能的关键阶段，也是职业人文素质培养的绝佳时机。在实习、实训过程中，企业技工人员、指导教师传授给学生的不仅仅是专业技术和能力，同时他们表现出来的职业态度、职业道德等职业人文素质对学生的影响是巨大的，能够帮助学生培养敬业爱岗、吃苦耐劳等职业精神，增强其对职业、行业的认同度。在实训基地的建设上，学校应注重"软环境"的建设，营造充分体现职业精神和职业道德的人文环境和氛围，张贴行业要求、名人名言、警示语，有意识地引入企业文化，加强了对企业制度、精神的领悟，培养学生的职业素质，强化质量意识、安全意识、规范意识和诚信意识。

（3）提升师资队伍

教师是进行人才培养的主体，提升教师自身专业素质、敬业精神、职业技能、团队合作能力，对培养既具高水平职业技能，又具备良好职业人文素质的人才有着至关重要的作用。

第一，引进技能水平高、实践经验丰富、技术开发能力强的高素质人才。在他们的带动和影响下，形成职业人文素质教育与专业技能培养相融合的良好氛围。第二，加强职业人文课程教师与专业课教师队伍之间的相互交流。在交流中认识职业人文素质教育与职业技能培养相融合的必要性，发现自身的不足，取长补短，形成教育的合力。第三，建立职业人文素质教育与职业技能教育相融合的教师培训机制。使职业人文素质教育与职业技能培养的理念，植根于每一个教师的头脑中。第四，加强"双师"结构的专兼结合的师资队伍的建设。培养一批既具有丰富教学经验与深厚理论基础，又具有丰富实践经验与操作能力强的教师。第五，兼职教师队伍建设。聘请相关行业专业专家、高级技术人才、一线管理人才作为兼职教师，参与课程改革和专业建设，有效对学生进行专业技能教育和职业人文教育。

（4）营造校园文化环境

校园文化环境既是一种环境，也是一种氛围。它能使置身其中的学生受到无声的教育，可以在道德情操、思维方式、人文素质和价值观等方面对学生产生影响。因此，高职院校在校园文化环境建设上不仅要注重其内涵，还应有充足的资金保障；不仅要注重建筑设计、校容校貌、园林雕塑等硬件设施的美化，还应重视人文环境的建设。在校风、教风、学风、办学理念等方面进行强化，营造积极、务实、勤勉、敬业、守法的校园文化氛围，体现职业性和个性化，潜移默化地影响学生的精神和思想，充分发挥环境育人的功能。同时，应积极开展丰富多彩的校园文化活动，突出"中国梦"主题教育活动，把职业理想、职业选择、职业能力、职业发展有机融入各项活动之中，让学生在实践活动中陶冶情操、完善人格。

总之，高技能人才的培养应当以人文素质为基础，以职业技能为核心，处理好高职人文素质教育与职业技能培养的关系，树立可持续的人才发展观和素质本位的教育理念，实现人文素质教育与专业技能培养的融合，这样才能促进学生的全面发展，将高职院校培养懂理论、会操作、素质型、智慧型技能人才的教育目标落到实处。

四、专业课程与人文素质教育课程的深度融合

在高职院校传统教学过程中，往往注重学生专业技能知识的培养，却忽略了学生的人文素质培养。而提高学生的人文素质就必须开设人文教育课程，其主要目的就是通过人文教育让学生形成善于学习、团队协作、注重实践的良好品格，人文素质教育旨在培养学生的综合素质和科学创新能力。

(一)专业课程教学与人文素质教育课程相结合

高职院校专业课教学注重学生职业技能的培养和实践操作能力的提升,在培养学生的专业技能知识的同时兼顾提升学生的文化软实力。所以,高职专业教学应该做到和人文教育相结合,这是新的教育体制下高职专业课程教学的创新,即在专业课程教学中要加入人文教育的内容,从而提升学生的人文知识修养。因此,要对专业课程教学内容进行科学优化和完善,在现有的专业课程教学内容中加入价值观教育,其中基本的关注点应该是诚信、合作、创新、责任意识的培养。加入道德观的素材,让学生在学习专业知识的同时还能丰富自己的精神文化世界,培养学生德智体美劳全面发展。另外,高职院校还应该借鉴传统教学方式的重要经验,不断探索设计出符合当代大学生职业教育的教学方法,让人文教育理念深入人心。教师可以采用新型的教学模式,常用的方法有互动式、案例式、创设情境教学等。采用多种教学方法的目的是提高学生的学习兴趣,学生可以通过多种方式的学习,从而来提升自己的专业技能知识和职业素养。

(二)注重人文素质教育综合课程的设计,构建人文艺术知识教育体系

人文素质教育的目标是提升学生的科学文化素养和艺术审美能力,但是在实际的教学过程中,受高职院校对学生定位的影响,往往注重培养学生的专业技能,而忽略了学生的人文素质教育。所以高职院校开发人文艺术综合课程,需要重点把握素质教育的过程和拓展方向,形成"三位一体"的课程教学模式。其中核心课程就是人文素质教育的知识拓展课程,这并不是正规的教学模式,而是一种课外拓展的过程,主要通过课外实践活动、校园文化活动和课外沟通交流的形式来开展学习,这样就能实现人文素质和专业知识的双丰收。

(三)专业实践教学体现人文教育理念

高职院校在开展人文素质教育课程时需要另辟蹊径,仅仅单靠课堂教学的时间是远远不够的,要学会利用课外实践教学活动来积极开展人

文素质教学课程。这样就可以把人文素质教育融入学生的课外实训,让学生在实训操作过程中理解人文教育的理念,一方面不仅便于学生融会贯通,另外一方面还能节约教学时间。

在传统教学过程中,教师往往注重学生在实训课程中是否掌握实践操作技能,并不重视学生人文素质课程的学习。在新型教育模式下,教师需要做到人文教育和专业实践教学相结合,在培养学生专业技能的同时,也要关注学生人文素质能力的培养。

例如,可以鼓励学生参加社会公益活动,培养自己的社会责任感和团队协作能力,养成互帮互助的良好习惯,不断丰富自己的精神世界,进而养成良好的职业道德和职业精神。

第四节　课程教育与文化熏陶的互动

随着"互联网+教育"的迅猛发展,高职人文素质课程的教学改革应以线上课程平台为依托,积极推行线上教学、线上全过程跟踪管理与多元化考核,信息化引领构建以学习者为中心的全新教育生态。下面将以中国传统文化中的茶文化为例,分析高职院校人文素质教育课程与文化之间的互动。

茶文化既是中华优秀传统文化的组成部分,又是文学、哲学等众多中华优秀传统文化的载体。茶文化课程能够对学生进行文化引导、价值塑造和审美熏陶等,是重要的人文素质课程之一。目前我国很多高职院校已将茶文化以公共选修课或者必修课的形式纳入课程体系,课程名称有"茶文化""茶艺""茶道",等等。为便于研究,结合教学内容,本文统称为"茶艺与茶文化"。

目前"茶艺与茶文化"课程的总课时,一般为8～32课时不等,授课形式为纯理论课或讲座,课程评价为理论考核。在此背景下,课程教学效果并不理想,甚至可以说流于形式。而为弥补课时不足与实践机会缺乏,教师应充分挖掘课外社团的教学辅助功能,有效提升教学效率和教学效果。

一、"茶艺与茶文化"课程教学中存在的问题

作为高职院校人文素质课程,"茶艺与茶文化"课程的教学目标是为了培养学生强烈的文化自信心、较高的审美素养以及良好的行为习惯,在茶事实践中,自觉传承与弘扬中华茶文化。该课程教学内容丰富,教学目标要求较高,要求学生既要有理论基础,同时又要有熟练的单项技能和较强的综合实践能力。但是作为公共通识课程,课时量少,依靠单一的课堂教学,无法做到理论与技能兼顾,更无法在教学中突出学生的主体地位,形成以"学习者为中心"的教学模式,也无法使学生通过大量的亲身体验获得文化认同和审美熏陶。同时,就是此门课程的考核方式,从始至终都是理论考核,其评价主体和考核指标单一,没有体现评价的科学性、针对性与增值性。

二、"茶艺与茶文化"课程教学改革的理论依据

(一)建构主义教育理论

建构主义将学习者看作意义的主动建构者,他们根据自己先前的经验,通过与他人协商、会话、沟通,在交互质疑的过程中建构知识。建构主义还认为,对学习的评价不应以学习者记住多少知识来衡量,而应以学习中主动参与的程度、协作学习的能力与贡献、意义建构的水平等因素来综合衡量。基于此理论,在"茶艺与茶文化"课程教学中,教师应根据茶艺主题创设情境、设计任务载体,如茶叶品鉴、中华传统节日主题茶会设计等,学生则通过自主探索、师生对话、生生合作等途径将理论知识和技能运用到具体的任务中,在特定的学习情境中完成对知识的意义建构。同理,在学习评价中不仅应该考核学习结果,还应该重点考核学生的学习参与度,注重学生的自我评价、生生互评等。

(二)能力本位教育理论

能力本位教育作为一种现代的教育理念,与传统的学科本位或知识本位教育的主要区别,就在于它着重强调对学生实际能力和职业能力的

培养。茶艺并非高高在上的艺术，茶文化不是枯燥的理论，茶道亦不是高深的哲学。茶存在于每个中国人的生活中，反映着每个中国人的处世哲学，理应成为每一个中国人的生活艺术。因此，"茶艺与茶文化"课程教学不应是枯燥的说教和远距离的观赏，而是应将丰富的茶文化知识、茶道哲学融于茶事活动中。通过采茶、做茶，来引导学生敬畏自然、遵守规则；通过泡茶，来让学生学会恪守规矩、尊重众生；通过行茶、品茶，来让学生学会以礼待人，谦和雅静。在课程教学中，力求能力本位、知行合一，将中华茶文化"廉美和敬"的茶德寓于茶事活动之中，以茶行道，引领社会风尚，传播东方茶道美学。

（三）多元智能理论

多元智能理论认为，人类智能主要包括：语言智能、逻辑数理智能、空间智能、运动智能、音乐智能、人际交往智能、内省智能。基于此理论，对于"茶艺与茶文化"课程的教学评价，应该打破大众认为茶艺就是搞花架子的偏见，其评价内容除了理论知识、单项技能和综合服务能力以外，重点应该关注思想政治元素、职业核心素养、人文素养等，注重评价的全面性和科学性，发挥评价的促进与增值功能，从而促进学生的全面发展、可持续发展。

三、"茶艺与茶文化"课程教学改革实践

（一）发挥线上线下混合、课内课外协同育人的课程教学优势，构建"一虚二实"的课堂形态

"一虚"是指依托在线教学平台和丰富的数字化教学资源，创建课前虚拟课堂，引导学生课前线上自主学习理论知识、开展热点问题讨论和进行在线理论测试。学生课前线上自主学习不仅节约了课堂教学时间、延伸了教学空间，而且也符合学生个性化学习需求，能够充分发挥学生的主体地位。学生通过积极主动地自学、与同学之间的交互讨论完成知识的建构。

"二实"是指实体课堂和茶艺协会实践平台。实体课堂只能完成单项技能训练，如茶叶冲泡、茶席设计等。茶艺是在特定的情境下对多项单

项技能的综合运用,课堂虚拟的教学情境基本难以实现对学生综合能力的培养。因此,就要通过成立校园茶艺协会,从而搭建真实的实践平台,开展主题茶事活动,如茶文化专题宣传、茶艺表演、主题茶会等,使学生在具体的情境和真实的任务中灵活运用所学知识和技能,同时,也要在校园内营造茶文化氛围,以此来增强学生对茶文化学习的体验性和趣味性,从而加深其对茶文化的认同感和对茶文化传承和弘扬的责任感、使命感。

(二)遵循能力递进培养规律,构建"理论知识—专项技能—综合能力"三段式教学模式

"茶艺与茶文化"课程教学内容既包含茶文化理论知识,又包含茶艺技能,既强调理论知识的积累,同时又要求学生有熟练的技能与茶事实践能力、审美能力、茶文化传播能力。其课程教学目标包含三个层次:基础层目标为掌握茶具与茶叶基础知识,中间层目标为掌握泡茶单项技能,高级层目标为具有较强的茶事实践能力、茶文化传播能力。根据先易后难的能力递进培养规律,设计课前线上自主学习理论知识、课中情境模拟单项技能训练、课后真实任务综合能力培养的三段式教学模式。

(三)坚持评价的育人导向,构建"线上学习评价+课堂展示评价+社团服务评价"评价体系

评价活动是教学活动的有机组成部分,教学设计本应包含教学评价。《深化新时代教育评价改革总体方案》主要原则为:坚持科学有效,改进结果评价,强化过程评价,探索增值评价,健全综合评价,充分利用信息技术,提高教学评价的科学性、专业性和客观性。对应"茶艺与茶文化"课程教学目标,在其教学评价中,应坚持核心素养为导向,坚决克服重智育轻德育、重分数轻素质、重结果轻过程的评价弊端,充分发挥评价对学习的促进作用以及对育人的导向功能。充分运用线上教学平台的实时反馈与全过程跟踪的便利性,构建"线上学习评价+课堂展示评价+社团服务评价"多元多维全过程评价体系。线上学习评价点包括线上学习时长、互动次数和测试成绩等,课堂展示评价侧重于学习态度、技能水平、

小组合作能力、沟通与交流能力,社团服务评价点包括礼仪礼貌、交流沟通能力、应变能力、服务能力、创新能力等。线上学习评价为平台客观评价、课堂展示评价与社团服务评价则为主观评价。评价主体有专家、企业、教师、同学和学习者,特别注重培养学生的自评、互评能力,主客观相结合,重视评价的反馈与促进功能,不断探索评价的增值性①。

　　高职院校教师运用现代信息技术,开展线上线下混合、理论与实践并举、课内与课外协同的虚实结合、能力递进的课程教学模式,能够有效拓展人文素质课程的教学时空,增强学生的实践机会与切身体验,实现知识学习、能力培养、情感体验、审美熏陶、品德塑造等多重教学目标的有机统一。但是,课外社团活动无法接纳所有的学生,所能提供的实践机会有限。今后,应该就如何扩大课外社团的容纳力和影响力、创造浓厚的校园文化氛围、提高课外社团对人文素质课程教学的辅助作用,从而做进一步的研究与探索。

---

①习龙.中国传统文化融入高校人文素质教育的课程体系建构的思考[J].课程教育研究,2020(4):25-26.

第七章　高职院校人文素质教育对策建议

第一节　更新人文素质教育理念

一、高职院校人文素质教育理念存在的问题

高职院校在以"就业为导向"的主导思想指引下,专业设置、教育教学等工作都是围绕就业市场展开,导致院校有意无意地忽视了学生的人文素质教育,这在一定程度上影响着学生人文素质的提升。

(一)对人文素质教育的重要地位认识不足

近代以来,随着自然科学的不断发展,社会生产力得到了空前的提高,为人类带来了巨大的财富,并推动着整个社会的文明进步,因此,自然科学受到了人们的极大重视。虽然,国家教育主管部门一再强调要"全面实施素质教育,要加强职业道德教育,加强文化基础教育、职业能力教育和身心健康教育",但人文素质教育在高职院校教育教学中仍然得不到足够的重视。在科技专业人才的培养过程中,人文社会科学教育无足轻重,往往是点缀或知识面的扩展,远非人才素质的必备要素。这些有失公允的教育理念对人文素质教育的发展带来了强烈的消极作用。大部分高职院校的专业设置侧重于理工科,院校教师的组成也是以理工科教师为主导,文科教师只占少数。以至于从学校管理层到普通教师,都认为学生只要掌握了本专业的技术技能,就达到了学习目的,完成了培养目标。对人文素质在学生整体发展的基础和铺垫作用认识不足,高职学生人文素质教育长期被边缘化,不少院校领导对人文素质教育很轻视,认为可有可无,没有认识到人文素质对学生长远发展的重要作用。

（二）教育者缺乏主体意识和参与意识

我国高校的素质教育从20世纪80年代开始倡导，学者们一直在理论和实践上进行着卓有成效的努力，取得了较大的进步，但问题仍然存在，需要高校教师对教育与社会发展、教育自身的发展规律、教育与文化的关系，以及人的成长规律等一系列问题有深刻的认识。高职院校教师对学生人文素质教育的认识不统一，对人文素质教育内容和重要作用认识不到位，作为一般教师，有人认为这些问题是学者的研究范围，也有人认为这是政府主管部门的工作。这些看法在一定程度上导致高职院校教师缺乏主体意识和参与意识，对学生人文素质教育的经验虽有总结，但往往较为零散，缺乏系统性，难以对人文素质教育实践产生有效的指导意义。

二、高职院校人文素质教育理念存在的问题成因分析

对高职院校而言，重视的是学生生产技能的训练，导致整个学校功利主义思想浓厚、人文主义氛围淡漠、人文素质教育理念缺失，高职院校沦为了纯粹的职业预备和培训机构，丧失了"育人"这一重要功能。

（一）功利主义思想对高职教育的不良影响

市场经济的快速发展，现代企业的大量涌现，这是高等职业教育存在的基础。因此，职业教育工作者习惯于从市场需求的角度来定位高职教育，过重强调为社会现实发展需要服务的功能，忽略学生的全面发展，教育目的完全功利化了。

现代科学的发展带给社会前所未有的巨大财富，因此，科学技术对人类社会发展的作用和能力被无限放大，甚至人们普遍认为一切的社会经济问题都能够通过寻求科学技术的创新发展而迎刃而解。人类历史上最伟大的科学家爱因斯坦说过："只用专业知识教育人是很不够的，通过专业教育，他可以成为一种有用的机器，但是不能成为一个和谐发展的人。他必须获得对美和道德上的鲜明辨别力。否则，他运用专业知识只能像一条受过很好训练的狗，而不是一个和谐发展的人。"大部分高职院校学生认为，技能是他们的安身立命之本，是与财富直接对话的媒介。

人文科学,它有利于学生身心健康的全面发展,有利于学生创新能力的提高,但这些都无法为学生带来直接的经济效益,同时,这种没有直接经济利益回报的教育过程还较为漫长,不能一蹴而就地实现①。

正因为这样,对人文素质教育给予的关注,不论是高职院校,还是高职学生,都远远不够。这种观点从根本上说是把科学看作一种实现目标的手段,而不是获得知识。这种认识进一步加剧了"重理轻文"的不良倾向,使高职教育的功利化愈发严重,人文色彩愈发淡化。

(二)就业导向的负面影响

当前,随着我国经济社会的发展繁荣,和产业结构的调整带来的企业产品、技术的升级换代,促使各级各类的专业技术人才缺口不断加大,高职院校都在积极顺应这一社会变革带来的种种变化,普遍确立了"以就业为导向"的办学理念。就业率成为衡量高职院校办学实力的重要指标,就业率的高低和就业满意度是学校的生命线。面对就业市场的需求,面对严峻的就业压力,高职院校都较为主动地采取了贴合市场的"订单式"培养,将学生培养目标的设定放在了技术、技能的训练掌握上,几乎无暇考虑学生人文素质的培养,人文素质教育在整个人才培养过程中越来越边缘化。这种人才培养的功利化导向和就业环境的影响,是高职院校学生人文素质教育理念缺失的重要因素。

同时,在"以服务为宗旨、以就业为导向"的理念指引下,高职院校普遍将工作的中心放在办学规模的扩张、软硬件设施的改善、专业建设的实时更新等方面。这些教育教学改革工作使高职教育者不同程度地忽略了学生人文素质的培养和校园人文氛围的营造,认为人文课程的开设"必须和够用"即可,从而使原本就人文知识较为欠缺的高职院校学生无法得到应有的人文知识养料。

三、更新高职院校人文素质教育理念的对策

人文教育具有基础性的地位,它关系到民族的存亡、国家的兴衰、社

---

① 张则成.师范院校大学生人文素质教育的对策研究[D].长春:东北师范大学,2017:11.

会的进退、人格的高低、思维的智愚、言行的文雅，以及事业的成败。高职院校人文素质教育之所以无法引起院校的足够重视，关键是没有认识到人文素质教育的基础性地位，并将其牢牢确立下来，学生综合素质的培养和提高仅仅被停留在标语口号上，并未落到实处。

（一）树立以人为本、全面发展的教育理念

《中共中央国务院关于深化教育改革全面推进素质教育的决定》中明确指出："高等教育要重视培养大学生的创新能力、实践能力和创业能力，普遍提高大学生的人文素养和科学素质。"也就是说，高等教育总的工作目标是培养德智体美劳全面发展的人才。高等职业教育作为高等教育的重要组成部分，也应紧紧围绕这一总体目标开展教育活动，树立以人为本、全面发展的教育理念。

以人为本是当今社会所倡导的人文思想。从教育目标与人才素质构成来看，高职教育绝不是单纯的专业技能教育，它是培养既有人文素质，又具科学素质的高素质创新人才的教育活动。因此，高职院校肩负着使受教育者成为名副其实的全面发展的人的艰巨任务。对于高职学生来说，专业知识与技能是他们的安身立命之本，专业知识和技能的练就，可以使他们更好地"做事"。而人文素质教育是他们立人之本，人文知识和人文精神可以帮助他们更好地"做人"。当前，社会、企业不断反映高职学生人文素质欠佳的情况，高职院校学生的人文素质状况不太尽如人意。为此，高职院校要切实转变"重技能、轻人文"的传统观念，深刻认识并领会人文素质教育的重要性和必要性，坚持以人为本，一切从学生的自身需要出发，以提高学生综合素质为核心，促进学生全面发展。高职院校必须致力于"以学生为主体统一和谐发展"的教育观念，人的全面和谐发展是教育工作的最终发展方向，教育是为了开发人的思维、开阔人的视野、丰富人的知识，使人们通过教育达到人生的至高点，实现自我价值，为社会的发展做出贡献。

（二）将人文素质教育纳入高职学生人才培养目标

高职院校人才培养目标直接决定着各项教育活动的安排走向，在转变原有传统教育观念的同时,要将人文素质教育准确地纳入人才培养目标之中,在源头上保证高职院校学生专业技能的学习和人文素质的培养可以实现同步走。高职院校学生人才培养目标的制定,在考虑市场导向、社会需求、行业及社会经济发展需求的前提下,还应该兼顾学生职业素质的要求和综合素质的提高,充分认识人文素质教育对促进高职院校学生个人发展的意义与价值。最终实现高职院校人才培养目标既强调应用性和专业性,又全面兼顾学生职业道德、职业能力和综合素质的培养,使学生形成正确的世界观、人生观、价值观和良好的职业素质,具备爱岗敬业、踏实认真、与人合作的人文精神,帮助高职学生走上可持续发展之路。

(三)重视学生的人文素质教育的观念

任何实践活动,都是在一定观念指导下的活动,学生的人文素质教育培养也不例外。现在的学生之所以人文素质薄弱,和目前人们对于人文素质教育的认识观念不无关系。

1.改变学生自身对待人文素质教育的态度

当今的社会,我们不可否认功利主义、利己主义、拜金主义、实用主义等价值取向甚嚣尘上,在这种复杂的社会环境下,许多学生和家长也是共谋实利。过度的物质追求和眼前利益,使得人们的精神追求已变得可有可无。许多高职学生和家长把学习只是看作谋生的手段,至于关爱生命、换位思考等众多的人文价值早已被抛到九霄云外。

例如,目前在一些医学院校,一些高职学生把获得相关资格证书、获得实践的技能、谋生就业、获取利润作为教育和学习的最终目标,这些短视浅薄的实用认识掩盖了医学学习的真正的人文本质。这样的实用主义认识当然不仅仅是医学领域,其他的领域也存在着这种现象。

更为重要的是,随着国家对高校就业制度深层次改革的不断推进,自主化已成为人才供需市场的主流。这种现状客观上增加了高职学生就业的压力,在这种宏观的客观背景下,更需要通过人文素质教育和专业教育相结合,转变学生的实用学习观念。

2. 树立人文的教育理念

教育理念对于教育活动有着深刻的影响,这种影响是源头上的。有学者指出,教育理念就是一种观念,一种对教育的价值判断和根本看法。

我国人文教育的现状,既有历史的原因,也有后来的成形。在历史上,我国缺乏大学人文教育的传统,对于人文教育与专业教育的区分本身不是非常重视。因而,我国教育体制长期深受苏联大学教育体制的影响。另外,我国之后形成的高考制度也深深地影响着人文教育的延续。高中开始"文理分科",到了大学再继续进行人文教育,有很长一段时间是断层。这种断层致使高职学生入学之前在人文教育基础方面是欠缺的,是不健全的。

在这种现状下,"专业教育、技术至上"为主流的教育理念已然占据统治地位,如何真正实现由技术主导转向技术、人文,科学教育与人文教育并重,同时在相互融通中实现专业发展的教育理念已成为解决问题的首要。

如何体现教育理念的真正转变,并不是体现在口头上、文件中,更多是体现在实践中。重视人文素质教育,应该多渠道、多环节、多层面地构建人文教育体系,尤其要动员师生共同参与、全过程参与,从更新理念、营造氛围、方法改革、实践训练等多方面配套实施,同时运用于实践过程,将知识思想从表面进入社会和实践真实问题,在具体职业生涯中,自身感悟升华为精神、信念,达到教育效果。

3. 树立科学与人文教育并重的新型管理观

管理理念在实践中的作用不能被忽视。虽然对人文素质教育的重要性已经取得了共识,但是在落实的过程中,人文教育又被无形地边缘化,学校的管理部门的监督和管理不可忽视。因而,对于高职院校人文素质教育而言,学校领导及管理部门的切实作为是不可缺少的,管理与教育齐抓共举是关键。在管理层面,需要学校领导和管理者制定适合高职院校情况的有效的监督和激励机制;在教育层面,需要广大教职工以身作则,积极参与人文精神塑造,加强人文素质教育。

4. 教师树立科学与人文并重的理念

高职院校人文素质教育的直接执行者无疑是教师,教师的知识结构如何、人文素质高低、教学理念优劣、教学方式是否有趣等,这些因素直接或间接地影响着学生的人文素质的养成。因而,如何避免科学和人文素质在现行的教学中失衡,教师的作用不可忽视。对此,有学者认为,高职院校可以通过宣讲、动员、典型引导等方式,逐步使广大教师消除专业教学任务重、人文教育不重要的思想倾向。当然,这是一个漫长的过程,不会立竿见影,但如果不去尝试改变,人文素质教育的现状不会改变。由于教师在其中的重要作用,教师的观念至关重要。当然,人文素质课程教师绝不仅仅单独履行人文素质教育的职责,专业教师也有相应的责任和义务。专业教师应该在讲授专业课程内容的同时,把本学科的科学知识和本学科的历史发展脉络,尤其是其中的人文深度内涵结合起来。这样才是真正懂得专业教育,同时也是真正懂得人文素质教育。因而,在专业课教学中渗透人文素质培养是提高高职学生人文素质的重要途径。

第二节 推进人文素质教育改革

人文素质教育是高职院校提升人才培养质量的重要形式,是培育民族精神、维系国家兴衰、促进社会进步的关键枢纽,对实现"中国梦"具有决定性的影响。习近平总书记在系列重要讲话中强调:"将社会主义核心价值体系融入教育教学全过程,弘扬中华优秀传统文化,提高学生人文素养。"改革开放多年以来,国家高度重视人文素质教育事业的持续发展,出台了一系列促进素质教育发展的政策。在政策的指导下,高职院校人文素质教育事业呈现较好的发展形势。但是,政策文本的繁荣并不代表人文素质教育就取得了巨大进步,人文素质教育的发展依然存在诸多问题。加强人文素质教育政策研究、探索分析政策文本的变迁逻辑、展望人文素质教育政策的未来走向,方能对实现高校人文素质教育创新发展起到政策指导、引领及规范的功效。

一、人文素质教育政策的变迁历程

中国改革开放 40 多年以来，依据人文素质教育内涵的阶段性特征及重要文件颁布的时间，中国高校人文素质教育政策的变迁历程可以划分为初步酝酿时期（1978—1994 年）、探索发展时期（1995—2004 年）、深入发展时期（2005 年至今）三个阶段。

（一）初步酝酿时期（1978—1994 年）

中国改革开放之后，教育发展最为急迫的是如何改革过去传统教育体制的弊端。1985 年，第一次全国教育工作会议出台了《中共中央关于教育体制改革的决定》，指出教育体制改革的根本目的是提高民族素质，多出人才、出好人才。这是中共中央在教育政策的文件中首次提及"素质"思想。1986 年至 1994 年，国家陆续发布了一系列文件，如《中国教育改革和发展纲要》《关于进一步加强和改进学校德育工作的若干意见》等，教育体制经历了从"传统教育"向"素质教育"的蜕变过程。这一时期，人文素质教育政策变迁呈现以下特点：第一，政策内涵初见端倪。周远清先生提出："文化素质教育主要是文史哲学科的基本知识与艺术的基本修养。"随后，教育部提出文化素质教育的"三注重"，即注重素质教育、注重个性发展、注重创新能力培养，以及造就德智体美全面发展的社会主义事业建设者和接班人。这些政策从学生的个性、德智体美发展出发，对人文素质教育政策内涵进行了扩充，表明以知识为本的内涵发生着变革。第二，循序渐进地推进素质教育。这一时期，素质教育首先从基础教育阶段抓起。《中国教育改革和发展纲要》提出，中小学要从传统教育转向全面提高国民素质的轨道，全面提高学生的劳动技能、思想道德、文化科学和身体心理素质，促进学生生动活泼地发展。

1994 年 6 月，国务院副总理李岚清在全国教育工作会议上指出，基础教育要从传统教育转到素质教育的轨道上。同年 8 月，《关于进一步加强和改进学校德育工作的若干意见》提出，要适应时代要求和社会主义市场经济体制的需求，实施素质教育，标志着素质教育成为中国教育政策的一个重要议题。

（二）探索发展时期（1995—2004年）

1995年，国家教委发布《关于开展大学生文化素质教育试点工作的通知》后，以清华大学和华中科技大学为代表的首批53所高校开展了文化素质教育试点工作，高校人文素质教育政策进入了探索发展时期。1998年，教育部又批准建立北京大学、南开大学、吉林大学、中南大学、湖南大学等32个大学生文化素质教育基地。1998年的《关于加强大学生文化素质教育的若干意见》与1999年的《面向21世纪教育振兴行动计划》都指出，文化素质教育应由试点向整体推进与全面发展转变。2003年，全国高等学校文化素质教育工作暨基地建设研讨会召开，研究了新形势下高校进一步深化文化素质教育的思路和措施。这一时期，人文素质教育政策变迁呈现以下特点。第一，政策内涵更加丰富。1995年教育部提出"三提高"，即提高大学生的文化素质、提高大学教师的文化修养、提高大学的文化品位与格调。钟秉林先生和杨叔子先生强调了教师对于全面推进素质教育的关键作用。继学生素质外，教师修养和大学文化品位也被纳入文化素质教育工作中，人文素质教育政策内涵得以丰富。第二，政策内容的积极探索。具体为：①开始注重人文素质教育课程的补充与开设。国家提出在试点院校增加人文社会科学类选修课等。②鼓励与支持人文素质教育活动的开展。2004年，《关于加强和改进高等学校校园文化建设的意见》提出，要开发与设计第二课堂，以提高学生的综合素质。③重视人文素质教育环境的建设。《关于加强大学生文化素质教育的若干意见》就校园环境绿化、校训、行为规范、校政共同治理等的建设方案作出了重要指示。④对人文素质教育教师的培养给予政策倾斜。党和国家高度关注教师队伍建设，明确强调相关部门和高校要有计划地组织开展各类教师培训活动。这些政策内容有机衔接、协调统一、齐头并进，共同提升了人文素质教育的发展水平。第三，政策执行的保障机制初步确立。具体为：①建设组织领导体制。国家提出，高校要成立学校党政领导任组长的校园文化建设领导小组，充分调动党团组织、学生会、学生社团在校园文化建设中的积极性。同时强调各级教育行政部门同宣传、文化体育等部门对本地区高校文化素质教育工作的指导作用。②倡导经费支持。《关于加强和改进高等学校校园文化建设的意见》提出,高校应将校园文化建设的经费纳入学校预算,在人、财、物方面加大投入,保证校园文化建设工作顺利开展。③推进信息化建设。国家很早就意识到信息技术对于教育发展的作用,《面向21世纪教育振兴行动计划》提出设立"现代远程教育工程"。《2003—2007年教育振兴行动计划》提出实施"教育信息化建设工程",全面实施高校校园网建设工程,创建国家级教育信息化应用平台,标志着信息化技术与教育系统开始走向衔接,在人文素质教育发展过程中逐渐发挥作用[1]。

(三)深入发展时期(2005年至今)

2005年,教育部召开了"纪念文化素质教育开展10周年暨高等学校第四次文化素质教育工作会议",将文化素质教育纳入"高校本科教学质量和教学改革工程",人文素质教育政策在推动高等教育教学改革的同时,也使自身获得深入发展。这一时期,人文素质教育政策变迁呈现以下特点:第一,政策内涵日臻深化。2005年,教育部提出"三结合",即文化素质教育与教师文化素养提高相结合,文化素质教育与思想政治教育相结合,人文教育与科学教育相结合,人文精神和科学精神共同融入人文素质教育政策内涵。《国家中长期教育改革与发展规划纲要(2010—2020年)》提出,着力提高学生勇于探索的创新能力、善于解决问题的实践能力、生命责任感及自治能力,表明人文素质教育政策内涵负载了"以人为本"的价值取向。党的十九大报告提出,要培养担当民族复兴大任的时代新人,体现了人文素质教育政策内涵鲜明的时代特征。第二,政策内容的逐步发展。具体为:①构建以"文化素养"为核心的课程体系。2007年《关于进一步深化本科教学改革全面提高教学质量的若干意见》提出,建立核心课程和选修课程相结合的学科交叉课程体系。2015年《关于深化高等学校创新创业教育改革的实施意见》指出,各高校要建设依次递进与科学合理的创新创业教育专门课程群。2017年《关于印发

---

[1]梅成林.高校人文素质教育与公共体育课程改革探索[J].产业与科技论坛,2019,18(24):162-163.

〈高校思想政治工作质量提升工程实施纲要〉的通知》强调要创新高校思想政治理论课建设体系。②大力开展经典人文素质教育活动。党的十八大报告提出,文化部和旅游部要继续开展高雅艺术进校园活动和大学生艺术展演活动,建设中华经典诵读资源库。③全方位建设高品位人文素质教育环境。国家非常重视校园网络管理和周边环境治安综合治理,提出建立健全安全保卫制度和工作机制,广泛开展文明校园创建活动,将高校建设为社会主义精神文明高地。④多路径培养人文素质教育教师。2006年,《中国公民人文素质现状调查报告》显示,高校教师在哲学常识、文学常识、中外历史名人与历史事件上的认知值分别为3.6、4.8、3.2、4,表明教师的文化素养整体水平较高,但仍有较大的提升空间。国家从师德业务水平、文化素养、创新创业能力等出发,提出培养教育教学骨干、"双师型"教师,培养与引进一批一流专家,一支肩负发展人文素质教育事业的专业化教师队伍正在形成。第三,政策执行的保障机制日益完善。具体为:①健全组织领导体制。具体规定了各素质教育主体的职责,指出由各地区高校领导小组对人文素质教育的开展做出细化部署。②加大经费投入。国家强调要加大财政经费的供给力度,鼓励社会组织、公益团体及个人对人文素质教育提供资金支持。③注重信息化发展。2012年,教育部颁布《教育信息化十年发展规划(2011—2020年)》,明确提出了教育信息化的行动纲领。2017年,国务院《国家教育事业发展"十三五"规划》,以及2018年教育部《教育信息化2.0行动计划》都指出要推动"互联网+教育"新业态的发展、推动信息化技术与教育深度融合,对促进人文素质教育发展起到重要作用。

2017年,党的十九大报告指出:"建设教育强国是中华民族伟大复兴的基础工程,必须把教育事业放在优先位置,深化教育改革,加快教育现代化,办好人民满意的教育。要全面贯彻党的教育方针,落实立德树人根本任务,发展素质教育,推进教育公平,培养德智体美全面发展的社会主义建设者和接班人。"

2021年3月11日,十三届全国人大四次会议表决通过了《关于国民经济和社会发展第十四个五年规划和2035年远景目标纲要》的决议。决议提出:"全面贯彻党的教育方针,坚持优先发展教育事业,坚持立德树人,增强学生文明素养、社会责任意识、实践本领,培养德智体美劳全面发展的社会主义建设者和接班人。"

2021年10月,中共中央办公厅、国务院办公厅印发《关于推动现代职业教育高质量发展的意见》,指出:"坚持立德树人、德技并修,推动思想政治教育与技术技能培养融合统一;坚持产教融合、校企合作,推动形成产教良性互动、校企优势互补的发展格局;坚持面向市场、促进就业,推动学校布局、专业设置、人才培养与市场需求相对接;坚持面向实践、强化能力,让更多青年凭借一技之长实现人生价值;坚持面向人人、因材施教,营造人人努力成才、人人皆可成才、人人尽展其才的良好环境。"

二、人文素质教育政策的变迁逻辑

人文素质教育政策属于教育政策的范畴,对教育政策的分析可采用内容分析、过程分析、价值分析与环境分析四种不同的分析范式。通常来讲,对某一教育政策的分析往往需要几个分析范式的综合运用,人文素质教育政策变迁逻辑的分析可以从政策内涵、内容、过程保障等方面展开。

(一)以价值负载指导服务分配的政策内涵取向

政策价值是政策的主体需求与客体属性在实践基础上所形成的一种效用关系。教育政策的价值主要有政治价值、社会价值、教育价值与人的价值四种表现形式,按照取向的不同,进一步分为工具性价值与目的性价值。教育政策的目的性价值,是通过解决教育生存和发展的应然目的与实然状况之间的矛盾,使受教育者全面自由发展。教育政策的工具性价值主要体现在化解教育与社会政治、经济、文化等子系统之间的矛盾。改革开放以来,人文素质教育政策内涵的价值取向一直围绕工具性价值和目的性价值而展开,大致经历了两个阶段。第一,"工具性价值为主,兼顾目的性价值"时期(1978—2000年)。改革开放初期,中国社会经济发展强调"效率优先"。人文素质教育政策的制定受经济发展逻辑控制,指导思想基本上是为社会发展和经济建设服务。1983年,全国第二次高等教育工作会议提出,要培养德智体全面发展、符合社会主义建设和市场经济发展需要的人才。1985年,《关于教育体制改革的决定》指出,所有人才应具有为国家富强、人民富裕而艰苦奋斗的献身精神。1999年,《关于深化教育改革全面推进素质教育的决定》提出,深化教育改革,全面推进素质教育,为加快落实科教兴国战略奠定坚实的知识和人才基础。这些政策背后蕴含了人文素质教育内涵的"工具价值"倾向。第二,"目的性价值与工具性价值并举,目的性价值为本"时期(2001年至今)。21世纪,人才竞争成为世界竞争的主要利器。为了更好地在国际竞争中赢得优势,国家开始重视复合型人才的培养,在制定人文素质教育政策时遵循了教育发展的生态逻辑,坚持社会本位与个人本位的并举。2003年,中共十六届三中全会提出"坚持以人为本,树立全面、协调、可持续发展观,促进经济社会和人的全面发展的科学发展观"。《国家中长期教育改革与发展规划纲要(2010—2020年)》明确将"坚持以人为本"确定为教育改革发展的战略主题。国家重视学生发展的个体需求,强调培养学生的探索能力、创新能力、实践能力、竞争合作精神、自我价值等。以往只重视人文素质教育社会服务功能的做法得到改善,以人为本的教育理念在很大程度上获得贯彻。由此看出,新世纪人文素质教育政策内涵是为人的生存和发展服务的,致力于实现教育政策的目的性价值。从这个意义上说,中国人文素质教育政策内涵的变迁属于一种渐进性的制度变迁。

(二)以质量提升为宗旨的政策内容发展观

育人是高校生存与发展的基础,质量是高等教育的永恒话题。提升人才培养质量是大学发展的责任与使命,是高等教育内涵式发展的核心要义。改革开放以来,高校人文素质教育政策内容以提升人才培养质量为根本宗旨,促进学生全面发展,以满足现实社会的需求。第一,人文素质教育课程的重心由"知识"向"能力与素质"转变。改革开放初期,国家力推人文社会科学课程和文史哲综合课程的开设,伴随着人文素质教育的深入发展,强调能力和素质的新课程受到重视。第二,人文素质教育活动的使命由文化传承上升为文化自信。探索发展时期,"第二课堂"的设计弘扬了丰富多彩的民族传统文化。深入发展时期,国家强调经典文化活动对激发学生家国情怀、民族情感、责任感、使命感的重要作用。第三,人文素质教育环境的建设由"软硬环境并肩"向"以软环境为重"转变。校园文化环境是实施人文素质教育的隐形载体,包括硬环境和软环境两部分。探索发展时期,主要通过建设文化设施、校园景观、校园治安治理等来发挥硬环境的教育功能。新世纪,国家呼吁高校要充分利用校园网络阵地宣传社会主义核心价值观,同时强调先进的大学精神、制度文化、文化舆论等软环境育人的重要意义。第四,人文素质教育教师政策形成的动力机制由"教育需求"向"多方需求"转变。任何政策都是不同利益相关者之间相互作用的产物,这种相互作用是推进政策形成的重要动力,教师政策形成的动力机制体现在"需求主体"的变化上。改革开放之后,政策的制定优先从人文素质教育事业的发展需求出发,但随着"以人为本"教育理念的广泛践行,政策的形成既考虑到人文素质教育事业的需求,又兼顾了教师发展的本体需求。

(三)以人财物规范为抓手的政策执行过程保障

政策执行的过程保障是指通过一定的要求和细则使政策得到贯彻落实,是对教育政策执行过程中的各种变量及彼此之间相互关系的认识和控制。就人文素质教育政策执行的过程保障来看,主要包括"人的规范""财的规范"及"物的规范"三个方面。第一,组织领导机制日益健全。改革开放初期,国家初步提出要加强各级领导对教育发展的关注和指导。探索发展时期,《关于加强大学生文化素质教育的若干意见》《关于深化教育改革全面推进素质教育的决定》等政策文件具体指出各级领导在文化素质教育发展中的模范带头作用。到了深入发展时期,国家明确提出要建立文化素质教育统一的领导体制和工作机制。第二,多元经费保障机制开始形成。美国教育行政专家罗森庭格提出:"学校经费如同教育活动的脊椎。"没有经费支持,人文素质教育将寸步难行。随着素质教育的发展,国家越来越重视人文素质教育的经费问题,在加大中央财政性教育经费投入的同时,号召各级政府、各有关部门为人文素质教育发展提供政策和财力支持,鼓励个人、社会投资人文素质教育事业,初步形成了多渠道共担经费的格局。第三,教育信息化水平不断提升。改革开放以来,教育信息化不断向前发展,从"整合应用"走向"融合创新",对人文素质教育的进一步发展发挥着推进作用。

三、人文素质教育的发展现状

(一)课程体系不够完善

尽管大多数高职院校已经意识到人文素质课的重要性,但其课程体系并不完善。课程设置随意性较大,主要按照教师的兴趣来开设,涉及领域较为狭窄,缺乏层次性与系统性,多以公共选修课的形式呈现。课程种类偏少,适宜学生使用的人文类教材缺乏。课时较少,人文素质课一般安排在晚上或周末,这一现象在理工院校尤为明显。大班制传统教学方式与宽松的考核方式,难以激发学生的学习兴趣。改革开放以来,国家明确提出高职院校要增设各种类型的人文素质课程,但针对高职院校的课程开发、实施及考核问题,相关政策法规却很少做具体详细的说明。由于缺乏明确的制度保障,高职院校人文素质教育课程体系的构建显得无章可循。为此,国家必须强化课程管理制度,协助高职院校处理好课程开发、实施及考核工作,同时,高职院校也应严格按照制度实施。

(二)活动及环境建设流于形式

人文素质教育活动是学生人文素养培育的主要依托。当前校园文化活动内容单调,大多流于形式,未考虑其效果。一些高职院校或偏重专业学习、科技创新、职业规划指导等实用性活动,或局限于传统的认知教育,很少组织具有浓厚人文色彩的活动,没有真正考虑如何通过活动提升学生的人文素养,忽略了学生精神层面的需求,使学生人文气息渐行缺失。此外,在高职院校文化环境建设方面也显得过于功利化,构造文物景观、贴标语、做宣传栏等表面工作也是常见。上述现状,一定程度源于高职院校人文素质教育指导评价机制的不健全,人文活动建设的政策指导不强,对于高职院校所实施的人文活动是否科学和能否实现目标,政策上没有相应的奖惩标准,也没有提供有效指导;人文环境建设的评价制度尚未合理制定,评价主体主要围绕可视化成果进行终结性评价,促使高职院校盲目追求人文素质教育的短期效应。

(三)教师人文素养较低

人文素质教育教师队伍是决定高职院校人文素质教育工作水平的重要因素,教师的治学精神、思维方式、为人原则都会使学生受到潜移默化的熏陶。目前高职院校人文教师队伍的状况还不能令人满意。高职院校教师学术示范作用鲜明,但人文示范作用较弱。教师主要传授专业知识,忽视人文知识的教育。部分高职院校教师知识结构不合理,文学、历史、地理学科知识储备匮乏,自身人文素养不高。理工院校人才的引进多偏向理工专业,使整体教师知识结构重理轻文,人文精神缺失。教师人文素养状况之所以不乐观,与高职院校教师选拔培训政策的不完善有关。在当前以科研为导向的高职院校评价机制影响下,高职院校为谋求生存与发展,过度重视在校教师的学术成果,实施以专业素质为主的教师聘任政策,忽略了对教师人文素养方面的要求,没有制订长远的人文教师培养计划,使大多数教师缺乏深厚的人文底蕴。

(四)过程保障支持不足

充足的保障支持是推动人文素质教育不断发展的动力。目前高职院校人文素质教育的保障支持不够,领导权责不明,缺乏实质性指导,反映出高职院校人文素质教育组织领导体制的弊端。21世纪以来,国家从宏观上提出要加强对人文素质教育的组织领导,但并未明确表明政府、教育部门、高校领导等的职责和权限,使各级领导之间工作界限模糊,无法为人文素质教育提供有效领导。经费投入总体情况不佳,且使用效益较低。尽管国家的高等教育经费投入在逐年增加,但由于人文素质教育专项经费政策的不明朗、社会投资机制的不成熟,导致投入人文素质教育发展的经费依然很少。受传统以建设为导向的教育经费政策的影响,高职院校疏忽了人文素质教育仅有经费的管理工作,经费的使用效益受损。此外,一些高职院校仍然没有意识到信息化对人文素质教育的重要影响,信息化与教学"两张皮"现象依旧存在,无法用信息技术解决人文教育改革发展的问题,这也折射出人文教育领域信息化机制的滞后。近年来,虽然国家特别重视教育信息化的推进工作,专门制定教育信息化政策并下发至各学校,但相关政策倾向于服务"教育"领域,而非精准指向人文素质教育,一定意义上影响信息技术对人文教育发展的支撑,因此仍需创新教育信息化机制。

四、推进人文素质教育改革的策略

(一)完善政策内容发展的长效机制

人文素质教育政策内容的发展致力于提升人才培养质量,要实现其目标追求,就必须完善政策内容发展的长效机制。

1.强化人文素质教育课程管理体制

国家应加强对高职院校人文素质课程的管理,制定与颁布可行的课程政策,引导高职院校建立科学、系统的人文素质教育课程体系。

第一,要重视人文学科的研究与建设,尤其是优秀传统文化相关学科,逐步建立其在整个课程体系中的基础性地位,引起高职院校对人文教育工作的足够关注。进一步改革高职院校必修课程结构,在增加人文素质课比例的同时,着重设立中华优秀传统文化必修课,突出历史文化传统的教育。同时,鼓励和支持高职院校教师多开设文学、史学、国学等人文社会科学选修课程。第二,聘请专家学者在充分调研与论证后,设计少而精的人文素质教育核心课程,提高课程的学术价值和人文含量。此外,高职院校也可出台相关制度,鼓励教师创新教育教学方式,采用课程专题化与团队接力授课的方式,最大程度地提升教学效果,实现人文素质教育目的。要求教师在不违背人文精神的前提下严格把关课程考核工作,将成绩作为学生评优的参考,提高学生接受人文教育的积极性。引导教师挖掘专业课程的人文内涵,将人文素质教育渗透至专业教学中,让学生在专业学习过程中不断提升自身的人文素养。

2.健全人文素质教育指导评价机制

第一,加大对高职院校人文素质教育的指导力度。支持高职院校师生开展中华优秀传统文化校园活动,抓好传统文化教育成果展示活动。支持高职院校以民族文化为切入点建设校园文化环境,使学生认同、理解、热爱中国国家文化,从而提高人文素养。第二,通过政策或法律的形式精确规定评估方的资质、评估要求、评估指标,从全员、全方位、全过程考核人文素质教育。在评估主体方面，主动吸收来自学校、社会等方面的评估，实现评估主体的多元化。引导高职院校领导干部、相关职能部门、专职教师、学生进行自评，内部检查本校人文素质教育的问题并加以改进。同时，加快推进第三方评估机构建设，充分发挥社会人士、知名校友的力量，保证评估的公平、公正、独立。在评估要求方面，改变只对量化成果进行考核的方式，坚持过程中和过程后的持续评估，自上而下切实创建形成性评价与终结性评价相结合的动态评估机制。在评估指标方面，打破唯成果论的现象，规范人文素质教育评价指标、学校制度、活动及环境建设情况、学生素养等都可纳入指标范围。

3. 完善高职院校教师选拔培训政策

第一，国家应深入推进以科研能力、本科教学、学科发展、学生综合发展等为评价客体的高职院校多元评价制度，逐渐扭转高职院校管理者的发展观念，使其认识到人文素质教育的重要性，从而为之投入更多师资和精力。第二，敦促高职院校完善教师选拔政策。高职院校在教师招聘时要兼顾教师的专业素养与人文素养，在笔试与面试中增加人文素养的考核，提升高职院校青年教师的人文素养。理工院校可根据自身实际情况出台人文素质教育专任教师编制政策，完善各项福利待遇和保障机制，吸引更多优秀人才承担人文素质教育，缓解当前人文师资紧缺的问题。第三，监督高职院校构建人文教师培养机制，努力为在校教师设计传统文化素质、政治素质、职业道德素质、人文科学素质相结合的全方位培养方案，加强教师的传统文化学习和培训，打造文理兼通的高素养教师队伍。同时，通过有效途径为教师提供更好的学习资源，鼓励教师积极参与能真正提高人文素养的继续教育培训。

(二)强化政策执行的过程保障机制

人文素质教育政策的执行是一个系统工程，需要相配套的过程保障机制。政策在过程保障中应加强组织领导，重视经费支持，从经费投入和经费管理两方面着手，创新教育信息化机制。

1. 构建从中央到地方统一的组织领导体系

第一，应设立人文素质教育的中央领导机构，宏观指导人文素质教育发展,制定和协调各级领导部门的职责,减少职能重复,提高领导效率。第二,地方教育行政部门可采用扁平化的领导体制,责任到人,加强对本地区高职院校人文素质教育工作的关注和指导,进一步提高领导力。同时,上下层领导机构应广泛吸纳人文素质教育研究员、优秀教师、学者加入,共同协商人文素质教育改革发展问题,进而制定人文素质教育发展的相关规定和政策,使其领导机制更明智、科学。此外,高职院校应成立由学校党委书记牵头的人文素质教育工作领导小组,引导与规划全校人文教育工作,团委、教务处、学工处分工合作,从学校层面制定人文教育的计划和目标,高效部署学生人文素养的提高工作。

2. 完善经费筹措法律法规并强化对经费的管理

第一,中央财政应设立高职院校人文素质教育专项经费,并加大投入力度,改善财政"缺位"与"错位"的现象。在此基础上,地方政府也要积极承担责任,定期拨出一定的经费用于人文素质教育教材建设、图书购置及科学研究等,使人文素质教育工作的开展具备基本硬件。第二,充分发挥市场作用,鼓励社会资金投入,呼吁教育基金会、校友、教育家捐赠等,形成多元化投入支持机制。此外,制定"以应用为导向"的经费管理办法,指示高职院校分类管理经费,依据人文素质教育经费的具体用途,分别实施不同的预算管理办法,从源头上规划经费的支出明细。引导高职院校建立人文素质教育经费内部管理体制,制定内部管理办法,将人文素质教育经费纳入学校财务统一管理,但要单独核算,确保专款专用,提高资金的使用效益。

3. 创新教育信息化机制

第一,国家要继续出台规范和指导信息化发展的政策,加大网络化、智能化、数字化等新技术的研发与应用,深化信息技术与人文素质教育各环节、各领域的融合创新发展,使其从服务教育教学拓展为服务育人。第二,进一步提高认识、转变观念,激发教育管理者和广大师生对信息技术的应用动力。面向未来培养高素养人才,教师是关键,要不断完善教师信息技术应用能力标准,将信息化教学能力纳入师范生课程体系,列入教师培训的必修学分,增强教师在信息化环境下创新人文素质教育教学的能力,促进人文素质教育事业发展。

第三节　锻造新时代人文素质教育教师队伍

一、高职院校人文素质教育教师队伍建设存在的问题

韩愈《师说》有云:"师者,所以传道授业解惑也。"可见教师在教育活动中的作用非同一般。高质量的教师队伍是实施人文素质教育的关键,由于种种原因的限制,高职院校人文教师素质还存在很大的提升空间。

(一)人文教师数量不足

高职院校人文教师数量普遍偏少,而专职专业的人文教师数量就更是少上加少。如某高职院校,在校生达到5000人左右,而专业承担人文学科教学任务的教师不足20人,而就在这有限的人文教师当中,还存在着一部分"非专业"人文学科任课教师。这里的"非专业"是指教师本人在大学阶段并非主修人文科学专业,经常会有数学专业的教师在讲授应用文写作、声乐专业的教师在讲授文学欣赏等情况。

(二)教师师资队伍质量有待提高

高职院校教师的文化素质整体状况欠佳,教育部"高职高专师资队伍建设研究"课题组的调查成果充分地说明了这一点。部分青年教师在大学时代也受"重专业,轻人文"思想的影响,使得教师本身的知识结构有欠缺,极少关注与专业领域相关的道德、法律等人文知识,加之不能主动学习、补充人文知识的不足,也就难以在教学中向学生渗透人文素质和人文精神。同时,由于种种原因,高职院校的许多人文教师还兼任其他教学或行政工作,这就很难保证教师的人文教学是全情投入,教学效果不尽如人意。

二、高职院校人文素质教育教师队伍建设存在的问题成因分析

(一)人文素质教育资源严重不足

目前情况下的高职院校,普遍存在不重视人文素质教育的情况,学校师资队伍建设的重点倾向于"双师型"教师培养。人文类教师在专业发展上机会较少,普遍不受重视,大多游离于主流教学之外,对人文学科教师关心、资助和扶持力度严重不足,这些都使得高职院校学生人文素质教育的开展深受影响。

(二)人文学科教师积极性不高

综合性大学各方面拥有的资源丰富,可以充分利用充沛的人文资源开展人文教育教学活动。普通高职院校深受办学规模和办学实力的制约,绝大多数院校自身没有人文专业院系,人文学科较难获得重视、教学比重不高,从事人文学科教学工作的教师也难以在专业发展上获得较多的关注,甚至会在教师个人的职称评聘上受到影响,在学校活动中的话语权也不多。这些都严重挫伤人文学科教师教学的积极性和主动性,直接影响人文学科的教学质量。

(三)专业教师人文素质亟须进一步提高

总体上教师的人文素质教育意识较强,但也存在少部分教师人文素质教育的主动性和自觉性不够。少部分教师对人文素质教育相关的事项很不关心,多数教师在平时会比较注意个人人文素质的提高,还有很大一部分教师则是有关注,但关注的不多。这从侧面反映了高职院校教师对自身人文素质的增强意识不强,对人文素质教育的积极性不高。此外,如果高职院校工科特色比较突出,这决定了学院教师大多为非师范类工科院校毕业,在大学时代深受工科院校人文氛围淡漠的影响,潜意识中"重理轻文"思想根深蒂固。所以,要求教师在专业教学中渗透人文素质教育存在困难。在与专业教师的访谈中,他们也表示受自身知识结构的限制,在专业课教学中有意识地进行人文素质教育稍显力不从心。因而,大多数专业课教师在教学中只能"就事论事",很少能由专业领域

的知识扩展到其他人文知识、人文思维、人文精神的教育,导致高职院校大多数教师无法发挥人文素质教育主力军的作用①。

三、高职院校人文素质教育教师队伍建设途径

教师是教育活动中的灵魂和关键。同样,高素质的人文教师队伍是学生人文素质提升的关键,对学校人文素质教育实施的效果起着举足轻重的作用。在教育教学活动中,教师要通过自身扎实的专业技术知识、高尚的人格、良好的师德润物于无形,提升学生修养、完善学生人格、传递给学生人文精神。

(一)加大教师人文素质的培训力度

高职院校教师队伍的人文素质相对较弱,院校应当有针对性地为教师创造机会,对新任教师和在岗人员进行人文素质方面的学习和培训,特别要重视"两课"教师和其他人文类课程教师的学习培训,因为他们是高职院校学生人文素质教育活动的主要承担者。通过不断的"走出去、请进来"的培训,使教师学习更为先进、科学的人文素质教育新方法,在校内外的培训和校企合作中丰富自身的知识体系、提升自身的能力与素质,带给学生最新的职业与人文知识,激发其学习的兴趣。第一,高职院校要调动教师从事人文素质教育的积极性,通过优惠政策的激励,使实施人文素质教育教学并取得一定成果的教师在物质和精神方面获得肯定。第二,高职院校要通过制度管理,将教师人文素质评价和考核结果与工资、职称晋升相衔接,从外部施加压力,促进高职院校教师不断丰富自己的人文修养,促进教师人文素质的整体提升。

(二)加强辅导员队伍建设

辅导员在高职学生的日常学习生活中扮演着非常重要的角色,是人文素质教育不可缺少的一支有生力量,对于带动学生人文素质的提升具有重要的意义。重视辅导员队伍建设、优化辅导员知识结构、制定行之有效的措施,通过定期、不定期的学习完善辅导员的政治、教育、心理学

---

① 刘雪飞.建立高素质教师队伍在高职人文素质教育中的重要性[J].中国职工教育,
　　2013(14):59.

知识,进一步提高他们的人文素养,起到榜样的引领示范作用,从而潜移默化地使学生的人文素质有所提高。

第一,要加强辅导员的政治思想学习,坚定社会主义的政治方向,全面贯彻党的教育方针,尤其是要掌握辩证唯物主义的思想方法和工作方法,有助于高职学生正确的世界观、人生观、价值观的建立。第二,辅导员具有教师和学生管理者的双重身份。对高职学生而言,不能只是"管理",更要"培育",充分发挥文化育人的作用,用健康、积极、向上的班级文化引领高职学生身心的健康成长。同时,辅导员的工作内容往往量大而杂乱,需要较强的综合工作能力来协调处理。因此,要求辅导员掌握丰富的政治学、教育学、心理学知识,以及及时应变和组织协调等能力,才能很好地胜任工作。

(三)提高人文学科教师的招聘的数量和质量

高职院校通常更加重视对专业课和实训课教师的招聘与培养,这一类型的人才十分吃香。由于高职院校的专业性、职业性,其对人才的渴望是可以理解的。

随着近年来经济建设的发展,各种人才均出现了短缺,而具有专业技术教授课程的教师自然也不例外。同时,由于学校的特殊性,并且受制于有限的正式员工编制,想要招来具有专业技术的老师无疑会对其他方向的招聘人数造成影响,例如,减少人文素质课程教师的招聘名额。其实这种做法缺乏合理性、科学性、综合性,显而易见的后果就是导致一头重、一头轻的偏科情况出现。人文素质学科教师数量不足,就会出现人文学科教师身兼多门课程的情况,导致教学任务陡然加大,每门课的教学时间就会相应减少,其直接后果就是难以满足高职学生对人文素质教育日益增多的渴望。在提倡全面教育的今天,这种做法并不值得提倡。大部分的高职院校都存在教师不足的情况,通常的做法是聘请一些编外教师和兼职教师,这种做法只是权宜之计。正是因为聘请编外教师和兼职教师本身就是为了解一时之急,所以很多高职院校在招聘过程中不能避免选择标准的降低,并且缺乏相应严格的筛选和考察体系。其中就可能招入不少滥竽充数者,自己的知识与人文素养本就缺乏,甚至可能有的从未有过教学经验。这样的教师直接上岗,将会大大降低教学质量与效果。况且外聘来的教师没有编制,在教学的过程中对自己的前途稳定性存在多多少少的忧虑与担心,更有甚者,只是把这份工作当成职业的过渡,并没有想过静下心来教学,这样的不稳定性也成了一大隐患。除此之外,缩减人文学科教师招聘数量的做法,还会间接导致人文学科及其任课教师地位低下,导致教师对人文素质教育失去信心,破罐子破摔的心态还会影响日常的教学工作。长久以往,人文学科教师都希望职业转型,经过专业培训后转为专业课教师,以加强自己的地位。

上述现象在高职院校中十分普遍,这样下去的后果将导致高职教育的严重畸形,所以我们应该给予足够的关注,抓住问题根源,努力改进。第一,根据学校自身的特点、目前生源状况及在校人数,合理制定教师编制。对于教师资源缺乏的高职院校,应适当扩大对人文学科教师和专业教师的招聘数量,建立一支专业精、素养高、稳定性强的师资队伍,并适时提高各类教师待遇,为教师能够安心教学解决后顾之忧,也为高职院校综合素质教育的开展夯实基础。第二,在招聘教师的过程中,学历和学术成果虽然能反映应聘者有一定的知识储备和科研能力,但不能片面理解为一个教师的教学水平和人文素养。高职院校在招聘人文学科教师时,不仅要关注应聘者学历和学术水平,沟通能力、表达能力、教学能力等个人综合素质也应该成为考察的重心,要保证所招聘到的人才进得来、教得好,确保其能够承担起该学科的教学任务。

(四)提高人文学科教师的人文素质

在课堂上,教师对学生的影响不仅限于知识的传授,教师的一言一行都会受到学生的关注。特别是高职学生,年龄普遍比较小、心理特质更为感性,使得他们更容易受到教师行为的影响。因此,作为人文学科的教师,除应具备教学能力之外,还要有较高的人文素质,这样才能更好地为学生树立学习榜样,完善他们的知识结构、提升人文素质。要加强人文学科教师的人文素质,第一,应该提升高职人文学科教师的思想道德素质。陶行知曾经说过:"学高为师,身正为范。"一名优秀合格的人,在具有才华的同时也要有高尚的品德,唯有这样,才能为学生做出良好的榜样作用。过硬的思想政治素质、良好的道德素质对于高职人文学科教师而言是两大基本素质。在社会热点问题上，要有坚定的政治立场，坚持用理性、开放、包容、公正的基本道义去分析和评判社会存在的现实问题，为学生指点迷津。此外，人文学科教师还要时刻展现出良好的职业形象和道德品质，尤其是在学生面前要做到诚实守信、爱岗敬业，为他们做出表率。第二，要提升人文学科教师的人文素养。教师在关注自身任教学科的教学和研究外，自己知识面的拓宽、相关学科知识的补充，也应当得到一定充实。另外，人文学科教师也应多参加社会活动，走出校园、走下讲台、走下网络，不仅为学生起到带头表率的作用，更能提升个人的社会阅历，加强对人生、对人文教育的理解。结合自身经历开展教学活动，这样才能做到教育，特别是人文素质教育不脱离社会发展的实际情况。第三，人文学科教师的创新能力也应该得到充分的关注与重视。在这大众创业、万众创新的大环境下，教师也应根据学生特点改革学科的教学模式、教学内容及教学方法，发展和扩展学科内容，在高职学生当中树立起创新改革的榜样、激发学生的创新精神，反过来也能继续激发教师对创新的积极性。所以，在平时的教学与研究工作中，人文学科教师要不断大胆寻求创新，不断提升自身的创新能力。

（五）加强人文学科教师开发利用各种教育资源的能力

大部分的高职院校人文素质教育教学方法落后、教材陈旧呆板、上课照本宣科、课堂沉闷，导致学生意兴阑珊，课堂实效性差。人文素质学科教师过分依赖内容，忽视对其他丰富的教育资源的利用，这样呆板的教育方法从根本上就不适合高职学生的身心发展规律与特点，很容易使他们丧失学习兴趣。在这个信息时代，人文学科教师能否合理运用教育资源的开发创新能力至为关键，教师首先要开阔思维，积极实践与创新。很多人文学科教材年月已久，不适用于目前的教学要求。所以，人文学科教师不能再拘泥于教材，而是要充分发散思维、大胆创新，将自身的社会实践经验与阅历作为相关的案例教材，大胆地运用到课堂的教学中去。这种将课本知识与社会实践相结合的做法，不仅将实践和理论相结合，还实现了知识的实用性。这种深入浅出的教学方式，增强了课程的感染力和课堂的趣味性。这样的做法比较符合高职学生的学习与心理特点,使他们更加容易对知识进行理解与掌握。其次是依托当地的历史文化基础,就地取材。高职院校的学生大多来自当地,在学校所在地都会有一些极具地方特色,又历史悠久的文化遗产。这些前人历经千百年不断积累而总结出来的文化遗产,同时也是现今为大家所共同认可的宝贵精神财富,蕴含着强大号召力和感染力。这对于高职学生来说是最好的人文素质教育资源,极易被大学生所接受和吸收。这样的教育资源在增加教学的号召力与感染力之外,同时也能拉近大学生与人文学科的距离,激发他们的学习兴趣和情感共鸣。因此,人文学科教师应该充分利用这一点,充分发挥和挖掘本地区文化的独特性、排他性,将其作为教学素材添加到课程资源中,这样既增加了教学素材的多样性,也体现了教学内容的生动性。教学当中融入这类文化,可以增强高职院校人文教育的实效性和针对性。

第四节 深化信息技术背景下教学改革

人文素质教育是高职院校实施素质教育的重要内容,也是为国家和社会培养创新型人才的基本途径。人文素质教育就是将人类优秀的文化成果通过环境熏陶、知识传授等不同途径逐步内化成个人的文化素养、道德水准、价值取向、心理素质、行为习惯等相对稳定的个性品格。高等职业教育者应意识到,无论科学技术发展到何种程度、社会经济发达到何种地步,都不能忽视对学生人文素质的培养。人文素质是个人最为根本的素质,人文素质对个人其他素质的形成和发展具有巨大的影响力。在21世纪信息化社会环境下,随着计算机与互联网的普及与应用,人们的行为习惯、思维方式等都发生了巨大的变化,高职院校普遍感受到在信息化环境下,尤其是互联网与智能手机所带来的前所未有的巨大挑战。高职院校学生在信息化环境下,行为与心理上都产生不少问题。通过调查信息化环境对高职院校学生人文素质的影响,意在进一步探讨高职院校人文素质教育的实施路径,期望为高职院校培养出高素质、高技能人才提供借鉴。

一、信息化环境下高职院校人文素质的现状与挑战

(一)高职院校学生人文素质的现状

为了更好地了解高职院校人文素质教育的现状,以某城市职业技术学院、工业职业技术学院、职业技术学院三所高职院校的部分大二学生为调查对象,学生专业涵盖了文理科,主要采用现场调查问卷的形式,进行随机抽样调查。问卷涉及学生人文素质中的人文知识、人文思想、人文精神等方面内容,共发放问卷400份,回收386份,其中有效问卷363份,有效率为90.8%。

根据相关调查数据,73.8%的学生认为"学院人文氛围一般",19.2%认为"氛围不太好",只有7%的学生认为"学院人文氛围很好",这充分说明现阶段高职院校校园文化环境不能使广大高职学生满意,达不到学生的预期,因此得不到学生的广泛认可,需采取有效措施加以改善与提高。

对于高职学生人文思想方面的调查。49.8%的学生认为人文素质对于未来人生成功"起很大的作用",33.6%的学生认为"有一些作用",16.6%的学生认为"无任何作用"。这说明超过一半的学生没有清楚地认识到人文素质对个人发展与成功所起到的重要作用。

对于高职学生人文知识方面的调查。数据显示,14.7%的高职学生全部通读过中国四大古典名著,59.2%的学生曾经读过其中的两至三本名著,而26.1%的学生还从未读过四大古典名著。这说明高职学生对于传统古典名著阅读兴趣不浓,反映出中国传统文化越来越不受当代高职学生的普遍关注,从侧面印证了信息化环境对于传统文化的冲击。

对于高职学生人文精神方面的调查。数据显示,39.7%的学生认为自己的言行代表母校形象,且具有"母校光荣我光荣,我为母校争光荣"的责任意识。28.6%的学生会视实际情况而定,21.2%的学生认为无所谓,10.5%的学生从来不会有责任意识。这反映出高职学生社会责任意识较为薄弱,在信息化环境下,学生更多地去关注自我个性的张扬和自

我价值的实现,从而忽视自身社会责任意识。高职院校教育工作者需在平时的教育教学中进一步强化学生的社会责任意识。

人文素质是高职学生个人综合素质的核心,人文素质教育不仅有助于提升学生个人修养,而且符合企业对高素质人才的要求。从问卷调查结果来看,高职院校人文素质教育的现状不容乐观,学生人文素质普遍较为缺失,这已成为制约高职院校人才培养质量提升的瓶颈。

(二)信息化环境对于高职院校人文素质教育带来的巨大挑战

1.互联网对人文素质教育造成的冲击

近几年,互联网的迅速发展极大地改变了人们认知渠道、思维方式、生活习惯等,对人们所处的社会环境也产生了巨大的影响。在智能手机普及与互联网随时可触的情况下,高职学生的思想观念、行为习惯所受到的冲击不容小觑。在信息化社会的浮躁与功利化心理的作用下,高职院校人文素质教育发展面临着前所未有的困难。针对上述情况,需要加强校园文化建设、提高教师队伍素质、实现校企文化对接,保障学生人文素质得以提高。

2.学生生源变化带来的挑战

随着我国职业教育的大力改革与现代职教体系的不断完善,高职院校的生源发生了巨大的变化,通过与中等专业学校"3+3"中高职衔接模式招收中专毕业生,已成为高职院校今后很长一段时间的招生模式。高职院校如何应对由于生源变化所带来的新挑战,成为现阶段急需解决的问题。中专毕业生由于自身的原因,其行为习惯、意志品质、心理情绪等方面更易受到信息化环境的不良影响。由于无孔不入的网络不良信息严重影响到学生人文素质的养成,影响到学生正确价值观的形成,使得部分学生重利轻义、重世俗轻理想、重个体轻群体、重享受轻奉献、重现代轻传统。文化观念上,部分中专毕业生对于高雅文化较为漠视,片面追求当前的快餐文化、娱乐文化,认同或部分认同庸俗的社会潮流。学生的生活理想、人生准则与精神追求在信息网络冲击下逐渐丧失。文化行为上,由于受到互联网的不良影响,世俗化、功利化正在逐步瓦解校园传统文化价值秩序与基础。学生在社会现实中表现出极为强烈的务实倾向,只关注个人前途发展,漠视社会发展与周围环境变化。文化规范上,部分中专毕业生受到网络非主流文化或不良文化的影响,逐渐远离传统主流思想与文化,由此产生的漠视校园纪律与道德规范,最终出现了文化价值失范的现象。面对生源不断变化所带来的种种挑战,高职院校如何因材施教、切实提高学生人文素质,是当前高职院校亟待解决的问题[①]。

二、信息化环境下高职院校人文素质教育缺失的原因

(一)重技能、轻人文的思想导致人文素质教育被边缘化

许多高职院校已经认识到人文素质教育对于学生整体发展的重要性,但在学生就业形势日益严峻的情况下,高职院校选择性地忽视人文教育,其专业设置、教学内容迎合就业市场的风向标,缺乏对学生人文素质的培养,一定程度上忽视了社会对于学生人文素质的要求,造成高职学生书本理论知识多而社会实践常识少,业务知识强而为人处世弱,动手能力强而文字表达能力弱。这种状况将会导致高职院校学生难以真正适应竞争激烈的社会职场与生活环境。

从学校角度看,高职院校功利主义的教育造成学生人文教育与专业教育比例严重失调,"重技能轻素质、重应用轻基础"的倾向使人文素质教育处境十分尴尬。以培养应用型人才为主要目标的高职院校向来都非常注重自身专业品牌优势,而对人文素质教育缺乏应有的重视,使得人文素质教育形同虚设。从学生角度看,受社会大环境与就业形势日益严峻的影响,高职学生知识和技能的学习带有明显的功利化倾向,过分重视专业学习与技能训练,轻视人文课程学习,表现为平时忙着考试以获取职业等级证书与专业资格证书,而对于像思想政治课这样的人文课程无暇顾及或者敷衍了事。从本节前文调查问卷中可知,26.1%的学生从未读过一本古典名著,充分说明了这一问题的存在。随着信息化社会的不断发展,高职院校人文素质教育长期得不到重视会导致学生责任意

---

① 游咏,张新华,杨璐,等.大数据应用于医学人文素质教育的研究现状分析[J].教育教学论坛,2020(21):232-234.

识淡薄、传统文化底蕴缺乏、创造意识与创新能力大为减弱,最终严重制约学生的全面发展。这就需要高职院校在重视学生技能训练的基础上,更加重视学生人文素质教育等的全面发展。

（二）教师队伍素质不能适应信息化环境下人文素质教育的需要

目前的高职院校大多是由原来的中等专业学校升格而来,办学模式定位上,在相当长一段时间内较为模糊,造成高职院校教师片面地追求和模仿本科院校的人才培养模式。这种培养模式不适合高职院校学生实际需求,直接影响到高职学生人文素质的培养。加上部分年轻高职教师刚走出大学校门,缺乏实际教育教学经验及社会实践操作技能的积累,对于人文素质教育高职院校还处于起步与摸索阶段。总体来说,高职院校教师自身素质还不能很好地适应信息化环境下人文素质教育的需求。

另外,高职教师作为人文素质教育的具体实施者,他们具有的道德素质、知识水平、教育思想直接影响着人文素质教育的实际效果。从高职院校师资队伍建设的实际情况来看,高职院校由于长期受到学生就业压力等各种社会现实情况的影响,普遍缺乏鼓励教师在教育教学中开展人文素质教育的政策性措施。致使教师对人文素质教育的重视度不够、积极性不高,在平时的教育教学实践中只重视专业知识教学和专业技能的训练,缺乏结合自身专业进行人文素质教育的意识和能力,不能有效地将人文素质教育,如爱岗敬业、诚实守信、团结协作、坚持不懈等优秀的职业素养融入专业课教学过程中。同时,在平时理论与实践教学中,缺乏人文素质教育的渗透和融合,对于学生在理论学习中出现的厌学情绪,以及在实习实训中缺乏责任心、意志力、良好心理素质、团队合作意识、吃苦耐劳等职业素养,教师都缺少相应的正确引导和教育,造成高职院校人文素质教育的严重缺失。

三、信息化环境下高职院校人文素质教育的实施路径

（一）构建人文校园文化氛围，营造良好的人文教育环境

高职院校学生人文素质教育是一个循序渐进、潜移默化的过程。良好人文氛围的校园环境时时刻刻会影响到学生的个人思想与行为，身处在校园人文氛围中，使学生有美的感受，学生自我价值得以肯定，从而培养出学生积极的人生态度。第一，要大力加强校园文化建设，不断挖掘和培育高职院校特色鲜明、底蕴深厚的校园文化，坚持以社会主义核心价值观体系引领校园文化建设。在信息化环境下，优秀的校园文化资源是广大高职学生对抗网络不良文化、快餐文化的有力武器与宝贵资源，理应受到高度重视。高职院校应不断整合这些优秀的人文文化资源，培育出具有文化底蕴的校园精神，通过学院优良的校训、校风加以阐述，在全院师生共同倡导下，产生激励作用和精神力量，使校园人文精神渗透到学院的教学、管理，以及师生日常生活的各个层面。同时，高职院校人文素质教育中不断渗透优秀的企业文化理念，改善学院师生的人文精神风貌，提升高职学生的人文素质发展。第二，要积极开展人文教育活动，利用各种教育载体吸引高职学生积极广泛参与，增强学生人文体验的频度与深度。定期邀请知名专家学者举办人文、艺术讲座，让学生受到启发与熏陶，提高学生人文素质。积极组织和引导学生参加各类学院社团活动和社会实践活动，使学生在人文活动中陶冶情操、表达情感，提高学生作品欣赏水平、培养学生团队合作精神、充实学生课余文化生活、强化学生社会责任意识、塑造学生良好人格品质，促进学生全面发展。

（二）加强师资队伍建设，提升教师人文素质教育能力

高职院校要实现学生人文素质的提高，关键在于要切实提高教师队伍的人文素质。教师在向学生传授知识与技能的同时，他们的言行举止所反映出的文化素养、道德修养、精神面貌等，这些良好的人文精神都会无意识地传递给学生，给学生以深刻的积极影响。

1.改革与完善高职院校教师管理制度

科学、合理、完善的教师管理制度是提高高职院校全体教师人文素质

的前提条件和制度保障。院校人事部门在制定教师职务晋升、职称评定、业务考核、年终评优、进修培训等制度时,尽可能把教师人文素质教育能力纳入考核范围,这样有利于提高广大高职教师人文素质教育工作的积极性和实效性。

2.改变广大专业课教师原有观念

高职院校教师应改变原有观念,在新的教育理念上,不仅要教给学生专业知识与技能,更应该教给他们求真务实、科学严谨的治学态度及人文精神。同时,教师应不断积累人文知识,以提高人文素质,将人文素质渗透到专业实践教学中去,不仅要提高学生的专业实践技能,更要培养学生的职业素养。学生在实习、实训过程中,高职教师要切实培养学生坚韧不拔、勇于突破、敢于担当、踏实肯干的职业精神,以求从多个方面提高人文素质教育成效。

总之,高职教师是社会人文素质的传递者。高职院校应采取各种措施切实提高教师队伍的人文素质,把人文素质教育贯穿于整个专业教育教学中,从而培养学生成为具有良好修养、和谐发展的人。

(三)加强校企合作,实现校园文化与企业文化的对接

从教师方面来说,高职教师要更多地走出去,参加社会实践、下企业锻炼,从中了解优秀企业文化和发展理念。通过定期组织学生进入企业工作场所进行学习考察,并配备现场专业知识讲解,使学生了解企业的运行模式,并逐步体会、感知企业文化。

从学生方面来说,高职学生要想在今后激烈竞争的岗位上立于不败之地,必须要有良好的人文素质作为支撑。学生在进入实习阶段应该有意识地利用实习企业的教育资源,对相关企业文化进行初步了解。高职大三学生要牢牢把握好毕业前的最后一次顶岗实习机会,更多地接触、了解企业文化。顶岗实习是高职学生从学生角度转变为职场人的重要阶段,它不仅有利于学生在实训环境中培养技能,更有利于学生感受企业文化的氛围,从而提高学生的人文素质。学生应学会在企业的良好文化氛围中,培养自身良好的职业道德素养和爱岗敬业精神。

（四）注重应用实践，强化高职院校人文素质教育的实践功能

付诸实践是人文素质教育中最为关键的环节。只有把学生所掌握的人文知识、人文思想、人文精神，与他们的实际工作和生活有效地结合起来，人文素质教育才会有质的飞跃，并形成良性循环。以往传统的人文素质教育更多的只是注重书本理论知识的传授，缺乏与社会实践应用相结合，大大影响了人文素质教育的质量。在信息化环境下，信息技术使高职院校人文素质教育实现了质的飞跃，教师可利用现代信息技术随时随地组织学生开展活动，信息技术为学生提供了较多的学习途径和较为愉悦、轻松的氛围。学生可以通过互联网领略各地人文景观，欣赏各种古典名著、音乐、名画。学生也可以通过各种媒介实现师生之间、学生之间、学生与外界的互动，并提高审美与鉴赏能力等人文素质。

第五节　优化环境支持与条件保障

加强高职院校人文素质教育是我国高职教育适应新时代和新形势的必然选择，是市场经济转型升级所需人才的客观要求，更是当前我国高职教育制度改革的大势所趋。高职院校人文素质教育是一项任重而道远的事业，需要不失时机地调动一切积极因素，利用一切有利条件，充分发挥政府、教育部门和教育界、社会大众，以及大学生自身的积极作用。高职院校也应在建设一支发展高职院校人文素质教育队伍、开设人文与科学的综合课程、举办丰富的社会实践和社团活动、积淀深厚的校园文化等方面下大力气，促进高职院校人文素质教育的逐步完善和长期发展。为此，发展我国高职院校人文素质教育在宏观上革新理念和完善教育制度，进一步解放思想、与时俱进，从根本上革新国家教育部门和教育理论界、大学生自身及社会大众的高职院校人文素质教育观念，建设和完善高职院校人文素质教育的领导机制、传导机制、实施机制和监督机制，整体把握、精心规划，真正从宏观上为我国高职院校人文素质教育指明方向。要在微观上面面俱到、多管齐下,充分发挥高职院校的教育作用、教师的导向作用、综合课程的滋养作用、社会实践和社团活动的拓展作用、校园文化的熏陶作用,以及发掘高校人文素质教育的潜在渠道。

一、加强教师对高职学生人文素质的导向

教师是最容易受学生效仿的对象。学生以教师为处事"蓝本",以教师的言行为标杆,以教师的观念为准则。教师作为教育的主导力量,通过自身的言传身教,对学生的人文素质教育的影响更全面、更直接、更深刻。

高职学生作为一个群体,在大学中接受系统化、学术化、价值化的人文素质教育,需要教师从两个方面来引导。第一,需要教师指明大学生素质教育的培养方向,这一方向可以从日常课程的内容和结构设置上来引导。教师在课程讲授过程中的言传,很多学生会把教师的观点和思想作为真理和做事准绳,这些都影响着大学生的价值观念和思想取舍。所以说,教师必须树立培养学生人文素质的观念,具有高度的责任心,在教书育人的言行中,帮助学生选择正确的学习课程,把握正确的学术方向,辨明是非曲直。第二,需要从教师日常处事行为和态度上来引导,这一方向可以从治学态度、处事行为等方面来体现。教师的价值观念和人文修养上的身教,教师在处理国家、社会和他人的关系中的形象,在很大程度上会直接复印在学生的外在形态上。所以说,教师是学生日常行为和态度的"范本",教师在日常处事行为中,要以严格的治学态度和严谨的行为作风,给学生以积极向上的人格力量。

教师是教育过程的主导,教师队伍的职业素养和教学水平直接反映在学生身上,并对其今后身心的养成起着决定性的作用。建立和完善教师的激励机制,努力提高高职院校教师队伍的思想道德素质和职业道德素质,并为优秀的教师提供培养机会和发展空间,作为我国高职院校人文素质教育可持续发展的人才储备。

二、加强综合课程对高职学生人文素质的锤炼

课程是学生增长见识的窗口,是大学生人文素质教育的主要渠道,课

程内容的丰富程度，课程教学的运用方式，都会直接影响大学生的人文视野、人文胸怀、人文能力。从1995年国家教委在50多所高校中开展加强大学生文化素质教育试点工作以来，虽取得可喜成绩，但是存在课程单一等严重问题。实践证明，人文素质教育的途径已经不再局限于请专家搞讲座、进行校园文化活动和社会实践等零散的"潜在课程"，而是应该建立人文素质课程及其课程体系使之规范化的时候了。其中，综合课程便是它的具体体现。

第一，综合课程是人文素质教育和科学素质教育的有机结合。科学与人文既相互独立，又相辅相成，密不可分。科学是认识自然和改造自然，人文是认知情感和描述情感。而人的全面发展离不开社会的发展进步，社会的发展进步也离不开科学技术的支持。因此，综合课程是科学教育与人文教育的交叉融合，培养全面发展的人才。

第二，综合课程是实践性教育和创造性教育的充分融合。当今社会分工越来越呈现精细化和高效化趋势，从课程的综合化来看，科学的进步越来越靠各个知识领域的综合来取得进展。人文素质教育侧重于培养一个人的内在修养和品质性格，以培养综合性的创新型人才为目标，通过多种学科的交叉学习、融会贯通，用全息的思维视野看待问题和现象，对事情分析得更加透彻和全面。

第三，综合课程能促进学生将人文知识内化为人文精神。所谓内化，就是指一个人将某种态度、关系、标准等转化为自己的心理的过程。人文素质教育的内容包罗万象，学生要把其内在的各种态度、关系、观点等转化成为自己内部的东西，并把这些东西和自己内在要素综合起来，形成自己的心理素质。内化是能力提升的过程，是学习外部知识到提升自身能力的进化。在这一过程中，人文素质得以全面升华，从而发展为全面和谐的精神世界。

综合课程的"综合"不是简单的"拼合"，不能把课程简单相加。知识本就是相互联系的，是具有系统性的整体。综合课程是人文素质教育与科学素质教育、实践性教育与创造性教育的融合，并促进学生将人文知识内化为人文精神的课程。高职院校人文素质教育需要综合课程为平台,才能使每个学生的人文素质得到充分生长的沃土,寻找人生"基点",健康成长①。

综合课程是学生增长人文知识,提高人文修养的视窗。高职院校人文素质教育者以综合课程为阵地,传播人文知识、提高大学生的人文素质修养。那么,综合课程要达到怎样的高度,通过何种方式传达给学生呢?笔者认为应从高水平的教学内容和高活力的教学方法两个方面入手。第一,高水平的教学内容,对学生人文素质的养成起着奠定性的基础作用。高水平的教学内容,不仅是文理艺的全面交叉渗透综合,而且反映的是人类社会前沿问题和动态、分析的是社会现实的百态和困惑、解决的是人类进步的屏障和障碍、总结的是人文素质教育发展的规律。因此,高水平的教学内容是深化高水平的人文素质教育的肥沃土壤,用高水平的学科带头人为骨干力量、以高水平的科学前沿为动力源泉,为大学生人文素质的培养搭建广阔平台。第二,高活力的教学方法,对学生人文素质的养成起着激发性的创造作用。充满活力的教学方法,使学生脱离僵硬的条条框框,知识不再是死记硬背、思路不再是生搬硬套,以创造性的思维看待新问题、解决新问题,正确处理矛盾,提高独立思考和判断的能力。大学生置身于高水平的教学内容中,汲取更多的人文知识营养,感受在高活力的教学方法中,激发了学习兴趣,促进了大学生人文素质的提高。

总之,高职院校人文素质教育者,以综合课程高水平的教学内容和高活力的教学方法启迪学生的智慧,传递真善美。加强高职院校人文素质教育的综合课程,凸显着人文精神与科学精神的课程教学,最终实现人文精神与科学精神的统一。

三、利用社团活动和实践对高职学生进行人文素质的拓展

社团活动和社会实践是大学生人文素质教育中举足轻重的环节。素质是内在修养的成果,形于内而显在外,而大学生人文素质优劣,很大程度上来源于社团活动和社会实践。社团活动和社会实践为大学生人文

---

① 唐宏.高职院校人文素质教育质量保障有效机制的构建[J].广西教育,2014(43):11-12,156.

素质的养成提供了理论与实践相结合的机会,为传承与创新的结合提供了建筑便利。

　　大学生步入大学之后,升学压力和课业负担相对减轻,丰富多彩的社团活动和内容多样的社会实践,为大学生个人兴趣和能力提供了展示及培养的平台,主要体现在两个方面。一方面,社团活动和社会实践为人类知识的接受、消化和应用提供了理论联系实际的机会。社团活动和社会实践为大学生的人文素质的培养提供了更为宽广的教育平台、更为丰富的教育内容、更为灵活的教育方式、更为多样的教育渠道,使学校的各种教育要素都能得到充分、高效的利用,让大学生在课堂中感受和接收到的人文知识,在社团活动和社会实践中得以领悟和感知。另一方面,社团活动和社会实践实现了脑力和体力的结合,在理论上和形式上完成了"脑力劳动"和"体力劳动"的统一。社团活动和社会实践通过教与学的两种主体直接接触形成教育过程,创造多维度、高灵活的锻炼资源,促使学生将所学的专业知识,以亲身实践的方式,通过氛围、关系、规则等多种媒介展示,在潜移默化中使大学生的人文素质熏陶成熟。因此,社团活动和社会实践是大学生的人文素质教育理论与实践、"脑力"与"体力"相结合的节点,提供了从传授到应用的环节,使大学生的人文素质完成了从外到内、又从内到外的升华拓展。

　　总之,各大高职院校开展了自由、灵活、多样的社会实践和社团活动。这些实践和活动要着力加强人文素质教育的引导,要提高社团领导的人文素质教育水平,并在其引导下,使广大学生受到人文素质教育的影响和熏陶。要在校方的相关部门的鼓励和引导下,使社会实践和社团活动具有人文素质教育的意义,不断扩大影响范围,使得实践和活动取得更大的人文素质教育的感召力。人文素质教育成果应深入宣传,鼓励以学术交流、演讲报告等多种形式与其他学术共享,使大学生的人文素质教育更具有广泛性。

四、创造良好的校园文化对高职学生进行人文素质的熏陶

　　校园文化对大学生人文素质的养成具有熏陶、镌刻、雕琢、打磨和滋补之效,奠定大学生精神底蕴和意志品性的根基。校园文化是大学在长

期办学过程中治学经验和态度的精神积淀,是深厚历史堆积的文化内涵,是独树一帜的学术品位,是每代人努力付出的提炼。

优质醇厚的校园文化会形成浓郁的校园氛围,而校园氛围在无形之中影响着校园中每个大学生的言行和心理思维。校园文化对大学生人文素质养成的重要作用主要体现于:第一,校园文化有利于促进大学生的全面发展。促进大学生全面发展、培养全面和谐的新型人才,也是高职教育的培养目标。大学生只有成为全面发展的人,才能具备高度的社会适应能力,才能处理复杂的社会关系并建功立业,才能实现自我提升、自我发展、自我完善。实现大学生全面发展,是时代赋予高职教育的要求,是社会发展对全面人才提出的需求,是大学生价值观念和处事态度的必求。大学生只有实现了全面发展,才能成为具有专业知识扎实、道德品质优良、政治思想端正、综合素质齐头并进的现代高端知识人才。第二,校园文化有利于培养学生的爱校敬业精神。爱校敬业精神,是高职院校大学生人文素质教育优良的重点体现。大学生只有爱校,才能对学校的声誉重视、对教师的培养尊敬、对同学的友情爱护、对大学的机会珍惜,才能确立对学校的责任;大学生只有敬业,才能培养起未来走上工作岗位的忠于职守的职业态度和尽职尽责的职业情怀。

培养大学生爱校敬业精神是在教室的教育与校园文化的培育相结合的过程中实现的,校园文化不仅教给了学生专业知识,而且更以校风的熏陶,滋补着大学生的人文素养。校园文化是高职院校人文素质教育的沉淀,高职教育者应当充分认识到校园文化对大学生人文素质教育的重要意义,把校园环境建设放在学科建设和教学建设同等重要的位置,通过校园文化塑造当代大学生应有的人文精神和气质,使每名学生受到熏陶和感染。具有深厚底蕴和鲜明特色的校园的"软文化",在塑造大学生人文素质教育中更是起着举足轻重的作用,催人上进。校园文化的建设是一项任重而道远的工作,高职院校领导要时刻保持清醒头脑,保证校园环境的纯洁与神圣。那样,校园文化才能给学生以净化的力量。

五、发掘高职院校人文素质教育的潜在渠道

高职院校进行人文素质教育,课程设置及其教学是最主要的教育内

容和教育形式。在当今时代,传统的高职院校人文素质教育在实施的过程中暴露出种种问题,亟须开拓新的途径,深入发掘高职院校人文素质教育的潜在渠道。从课程和环境两个方面发掘高职院校人文素质教育的潜在渠道。

(一)发掘潜在课程

潜在课程可以从物质和文化两个层面来看。物质层面主要是指培养大学生素质教育的场所,此场所的地理位置、气候变化及所处的自然景观等都能影响到大学生的人文素质教育的培养。文化层面主要是指渗透于学科和社会的教育,提高学生的认知、情感和人格特质。其心理学基础主要体现为无意识心理活动的原理,即人在特定的心理氛围中,通过暗示、感召、移植、认同、模仿、熏陶等多种形式逐步使心理品质发生变化,达到常规教育、教学情境所无法达到的效果。潜在课程可以使校风班风、学风教风、规章制度渗透进每一门学科的课程领域,让学生通过亲身感受和认同,进而模仿,在潜移默化中感知人文素质教育。

(二)发掘潜在环境

培养大学生人文素质教育中,图书馆的作用不容忽视。图书馆存储着大量资料和信息,是大学生自我学习和深造提升的基地。高职院校图书馆可利用高科技手段和网络优势,使资源利用最大化。同时,图书馆应主动地引导广大师生读书学习,利用讲座、座谈会、辩论赛等多种方式引导大学生对人文素质教育的关注和兴趣,提高大学生人文素质和人文品位的自觉性和主动性。此外,各高职院校的图书馆还可以建立资源联盟,使资源和信息在众多高职院校内共享,惠及众多师生。通过发掘潜在的教育渠道,在原有的教育基础上,激发广大师生的教育热情,使人文素质教育收到更好的成效。

总之,大学生人文素质教育既是世界先进的教育理念和育人观念,又是与时俱进的教育改革和必经历程。高职教育工作者应以大学生人文素质教育为着眼点,要求各高职院校都要站在促进人的全面发展的高度,把办学理念和培养人才计划导入人文素质教育之中。在此基础上,各个高职院校也要重视培养人的优长,因材施教、扬长避短,在培养全面人才的同时,也要培养特色人才。高职院校肩负着培养祖国未来人才的大任,高职院校深厚的文化积淀、教师言传身教的熏陶、综合课程的滋润浸养、社会活动和社会实践的亲身历练,以及校园文化的潜移默化,都是培养大学生人文素质的途径。大学生也应该珍重学校的声誉、尊重教师的培养,珍惜社团活动和社会实践的机会,以坚强的精神力量和不屈服的意志品质去迎接挑战、克服困难,打造外形和培养内修,努力把自己培养成为内外俱佳的栋梁之材。

参考文献

一、专著

[1]刘登科.人文素质教育读本[M].北京:中国言实出版社,2020:17-21.

[2]石丽艳.人文素质教育研究[M].秦皇岛:燕山大学出版社,2020:51-53.

[3]孙杰远.大学生人文素质教育教程[M].桂林:广西师范大学出版社,2016:101-103.

[4]张朝兵.当代大学生人文素质教育研究[M].延吉:延边大学出版社,2016:61-63.

[5]张会军.高职生人文素质教育[M].北京:首都师范大学出版社,2018:87-91.

[6]周忠新,禹明华.职业人文素质教育[M].北京:中国财政经济出版社,2014:42-45.

二、期刊

[1]李丹.高职院校人文素质教育存在的问题及对策研究[J].中外企业家,2018(13):147.

[2]李永山.大学生素质教育课程体系的构建与实施研究[J].中国高等教育,2015(11):53-55.

[3]刘鹏辉.中国优秀传统文化与高职院校人文素质教育融合问题调查研究[J].教师,2019(5):119-121.

[4]刘雪飞.建立高素质教师队伍在高职人文素质教育中的重要性[J].中国职工教育,2013(14):59.

[5]刘玉.高职院校人文素质教育课程改革初探[J].南京广播电视大学学报,2017(2):50-53.

[6]梅成林.高校人文素质教育与公共体育课程改革探索[J].产业与科技论坛,2019,18(24):162-163.

[7]牟忠城.高职院校学生人文素质教育存在的问题及原因分析[J].知识经济,2018(1):35-36.

[8]邱燕.对高职院校人文素质教育现实意义的思考[J].北方文学,2018(20):183.

[9]唐宏.高职院校人文素质教育质量保障有效机制的构建[J].广西教育,2014(43):11-12,156.

[10]王升.民族地区高校人文素质教育的目标及培养途径研究[J].赤峰学院学报(自然科学版),2014,30(2):191-193.

[11]王哲.高职院校人文素质教育评价体系构建[J].知识文库,2017(15):184.

[12]文小兵,杨长虹.高职院校人文素质教育的现状[J].文教资料,2018(13):140-141.

[13]习龙.中国传统文化融入高校人文素质教育的课程体系建构的思考[J].课程教育研究,2020(4):25-26.

[14]游咏,张新华,杨璐,等.大数据应用于医学人文素质教育的研究现状分析[J].教育教学论坛,2020(21):232-234.

[15]余扬.职业院校人文素质课程教学的实践改革分析[J].散文百家,2019(6):197.

三、学位论文

[1]闫琳.高职院校学生人文素质教育问题研究[D].兰州:西北师范大学,2016:9-12.

[2]杨丽敏.基于职业活动导向的高职艺术类人文素质课程体系建构研究[D].长沙:湖南师范大学,2014:21-23.

[3]张则成.师范院校大学生人文素质教育的对策研究[D].长春:东北师范大学,2017:11.